O voo da gaivota

O voo da gaivota

Copyright by © Petit Editora e Distribuidora Ltda., 1996-2024

32-12-24-5.000-289.000

Coordenação editorial: **Ronaldo A. Sperdutti**

Capa, projeto gráfico e editoração: **Ricardo Brito | Estúdio Design do Livro**

Imagens da capa: **Galyna Andrushko | Shutterstock**

Hironai | Shutterstock

Imagem do miolo: **Penny Mathews | Stock.xchng**

Revisão: **Sabrina Cairo e Isabel Ferrazoli**

Impressão: **Gráfica Santa Marta**

**Ficha catalográfica elaborada por
Lucilene Bernardes Longo - CRB-8/2082**

Patrícia (Espírito).

O voo da gaivota / ditado pelo Espírito Patrícia ; psicografado pela médium Vera Lúcia Marinzeck de Carvalho. – 22. ed. – São Paulo : Petit, 2014.

248 p.

ISBN 978-85-7253-242-6

1. Espiritismo 2. Psicografia 3. Romance espírita I. Carvalho, Vera Lúcia Marinzeck de. II. Título.

CDD: 133.93

Direitos autorais reservados.

É proibida a reprodução total ou parcial, de qualquer forma ou por qualquer meio, salvo com autorização da Editora.

(Lei nº 9.610, de 19 de fevereiro de 1998)

Traduções somente com autorização por escrito da Editora.

Impresso no Brasil.

Prezado(a) leitor(a),

Caso encontre neste livro alguma parte que acredita que vai interessar ou mesmo ajudar outras pessoas e decida distribuí-la por meio da internet ou outro meio, nunca deixe de mencionar a fonte, pois assim estará preservando os direitos do autor e, consequentemente, contribuindo para uma ótima divulgação do livro.

VERA LÚCIA MARINZECK DE CARVALHO

Ditado pelo Espírito PATRÍCIA

O voo da gaivota

Av. Porto Ferreira, 1031 - Parque Iracema
CEP 15809-020 - Catanduva-SP
17 3531.4444
www.petit.com.br | petit@petit.com.br
www.boanova.net | boanova@boanova.net

Livros da médium
VERA LÚCIA MARINZECK DE CARVALHO

Da própria médium:
- Conforto Espiritual
- Conforto Espiritual 2

Psicografados:

Com o Espírito Antônio Carlos
- Reconciliação
- Cativos e Libertos
- Copos que Andam
- Filho Adotivo
- Reparando Erros de Vidas Passadas
- A Mansão da Pedra Torta
- Palco das Encarnações
- Histórias Maravilhosas da Espiritualidade
- Muitos São os Chamados
- Reflexos do Passado
- Aqueles Que Amam
- O Diário de Luizinho (infantil)
- Novamente Juntos
- A Casa do Penhasco
- O Mistério do Sobrado
- O Último Jantar
- O Jardim das Rosas
- O Sonâmbulo
- Sejamos Felizes
- O Céu Pode Esperar
- Por Que Comigo?
- A Gruta das Orquídeas
- O Castelo dos Sonhos
- O Ateu
- O Enigma da Fazenda
- O Cravo na Lapela
- A Casa do Bosque
- Entrevistas com os Espíritos

Com o Espírito Patrícia
- Violetas na Janela

Com o Espírito Rosângela
- Nós, os Jovens
- A Aventura de Rafael (infantil)
- Aborrecente, Não. Sou Adolescente!
- O Sonho de Patrícia (infantil)
- Ser ou Não Ser Adulto
- O Velho do Livro (infantil)
- O Difícil Caminho das Drogas
- Flores de Maria

Com o Espírito Jussara
- Cabocla
- Sonhos de Liberdade

Com espíritos diversos
- Valeu a Pena!
- O Que Encontrei do Outro Lado da Vida
- Deficiente Mental: Por Que Fui Um?
- Morri! E Agora?
- Ah, Se Eu Pudesse Voltar no Tempo!
- Somente uma Lembrança

Livros em outros idiomas
- Violets on the Window
- Violetas en la Ventana
- Violoj sur Fenestro
- Reconciliación
- Deficiente Mental: ¿Por Que Fui Uno?
- Viviendo en el Mundo de los Espíritus
- Fiori di Maria

Com o Espírito (continuação)
- A Casa do Escritor
- O Voo da Gaivota
- Vivendo no Mundo dos Espíritos

A você, amigo leitor, dedico esta obra com imensa ternura.

Também o faço a desencarnados e, principalmente, a encarnados que são úteis por sua capacidade e têm como meta o progresso no aprendizado.

Estendo-me aos anônimos, desconhecidos dos encarnados, mas conhecidos do plano maior, que fazem o bem por amor, sem sequer se importar com nomes célebres.

Patrícia
São Sebastião do Paraíso, MG

Aos meus queridos amigos:

Recebo muitos pedidos para continuar trabalhando na literatura. Embora eu fique emocionada com tanto carinho, peço aos meus leitores que me perdoem por não escrever mais. Tive como tarefa fazer quatro livros,[1] narrar o que vi, o que encontrei e o que senti no plano espiritual. Concluídos esses livros fui realizar meu sonho, pois quando estava encarnada, estudava, lecionava e queria continuar fazendo isso.

Atualmente moro numa colônia de estudo e não vou ao plano físico, a não ser em raros momentos; quando vou, é somente para rever meus familiares. Meu trabalho

---

1. Os quatro livros de Patrícia: *Violetas na janela*, *Vivendo no mundo dos espíritos*, *A casa do escritor* e *O voo da gaivota*. Todos editados pela Petit Editora.

não inclui visitar centros espíritas, nem ditar mensagens, escrever livros ou prefaciá-los.

Amo muito vocês que me amam, que gostam do que escrevi e tenho certeza de que me compreenderão.

Da sempre amiga amorosa,

Patrícia

Palavras de um amigo

Patrícia, nossa jovem escritora que nos tem presenteado com sua literatura simples, sincera, que nos traz bons e profundos ensinamentos, vem novamente nos brindar com mais este livro.

Fala-nos da caminhada em que assume novas e diferentes tarefas do seu desprendimento e desapego.

Patrícia trabalha e estuda no plano espiritual, mas aceitou mais esta tarefa de escrever aos encarnados na intenção de alertá-los quanto ao engano de cultuar personagens famosos. A Doutrina Espírita não está nas mãos de poucos, sejam encarnados ou desencarnados. São muitos os espíritos que trabalham para o bem da humanidade.

A nossa alegre escritora, na sua humildade, se acha pequena, mas com vontade de aprender, e não quer que a cultuem e que lhe deem maior valor do que se acha merecedora.

O enredo deste livro é muito interessante. Participando do socorro a um desencarnado toxicômano, ela nos narra importantes fatos que trazem muitos esclarecimentos sobre o prejuízo causado pelos tóxicos, o grande mal da atualidade. O desenrolar atraente desta história faz deste livro mais um marco na literatura espírita.

Antônio Carlos

Sumário

1	Introdução	13
2	Assumindo uma tarefa	17
3	Ouvindo uma história	27
4	Colóquio interessante	51
5	Amor e desapego	63
6	Um pedido diferente	79
7	O mandante do crime	95
8	Túnel negro	111
9	Na sala de aula	125

10	Desencarnações	135
11	Numa reunião espírita	157
12	Recuperação dos socorridos	173
13	Natan	185
14	O médico nazista	201
15	A história de Elisa	221
16	O voo da gaivota	235

1

Introdução

Encarnada, por muitas vezes olhava maravilhada as gaivotas voando. Encantava-me com seus voos, que me transmitiam a sensação de liberdade. São tão livres! À tarde, andando pela praia, acompanhava suas movimentações pelos ares. Livres e felizes, faziam acrobacias, oferecendo um espetáculo de rara beleza.

O espaço imenso é o ambiente preferido das gaivotas. Mas elas não podem deixar de pousar na areia da praia para completar a alimentação necessária à manutenção do seu corpo. Mesmo pressentindo a possibilidade de encontrar predadores inimigos, essa corajosa ave não se intimida, embora muito vigiante, pousa na praia. Se falhar na sua vigilância, infeliz terá sido sua descida, pois será presa fácil de algum inimigo natural. Se atenta e vigiante, feliz será sua descida. Pegará o que precisa e novamente alçará voo, ficando na areia, até a próxima onda, apenas a marca de seus delicados passos, indicando que ali passou uma gaivota realizando com prazer e alegria a função de viver e participar, com a vida, do anseio de ser e existir.

Sabendo que venho raramente ao plano físico, naquele dia Elisa me comparou com uma gaivota:

– Gaivota, por que desce à Terra? Procura alimento?

Não respondi de imediato. Olhei para a amiga que me comparou como tão belo pássaro. Seus olhos negros, meigos e bonitos brilhavam. Sorriu. Seu sorriso maravilhoso contagiava aqueles que a rodeavam e deixava à vista as fileiras de dentes perfeitos. Elisa é uma negra linda; a beleza dos seus sentimentos contagia e embeleza ainda mais seu perispírito.

Fiquei a pensar no que me levava a voltar à Terra. O que estaria fazendo ali? Ajuda? Tarefa? Trabalho? O bem que fazemos é um crédito, uma necessidade ou um alimento?

Volitei[2] e vi que a gaivota deixou marcas dos seus pezinhos no chão arenoso. Voltei o pensamento ao passado recente e me certifiquei de que, ao tentar ajudar os que ficaram na Terra, acabei por fazer muitos afetos. O bem realizado deixaria marcas?

---

2. Volitar, na literatura espírita, é a denominação do ato de os espíritos desencarnados se movimentarem no espaço, quando o fazem sem que os pés toquem o chão. Nos livros espíritas, principalmente nos do Espírito André Luiz, há incontáveis exemplos nesse sentido. (Nota da Autora Espiritual)

2

Assumindo uma tarefa

Encarnados, nossas ações estão condicionadas a um fim pessoal, a aquisição monetária ou um diploma que nos habilitará a exercer funções bem remuneradas entre nossos companheiros de caminhada. Aqui, no plano espiritual, para aqueles que compreendem e vivem a unidade do universo, trabalhar ou estudar não significa oportunidade de ganho pessoal, mas, sim, ocasião propícia para não ficar à margem da evolução. A beleza da existência está na sua dinâmica atividade. Ela nunca é monótona. A vida se parece com imenso rio que, apesar de estar no mesmo lugar, nunca é o mesmo, renova-se a cada segundo. Nossa personalidade é, por natureza, ociosa. Se não acordarmos para uma renovação na nossa maneira de ser, correremos o risco de ver o rio da vida passar e de ficar à sua margem, perdendo a oportunidade de ir junto com aqueles que com ele caminham rumo ao infinito.

Aceitar novas incumbências de trabalho, de maiores responsabilidades, é motivo de alegria a todos nós que desejamos participar com Deus da manutenção e do progresso de todos os seres humanos. Fui chamada a lecionar num curso de reconhecimento do plano espiritual, no qual a professora titular, Marcela, se ausentara porque havia também aceitado incumbência de trabalhos superiores. Apesar de feliz por ter sido lembrada e radiante por me sentir útil, não pude deixar de ter momentos de preocupação, pois estariam vários espíritos sob minha responsabilidade.

Como em outras vezes, fui em busca de conselhos de meus amigos. Ao ver Maurício, dirigi-me alegre ao seu encontro.

Meu amigo sorriu. Como é agradável vê-lo assim. Sempre me lembro de seu doce e confiante sorriso. Respondeu aos meus anseios, tranquilo, transferindo-me belos ensinamentos.

– Patrícia, como começa o aprendizado de um professor universitário na Terra? Nos primeiros anos escolares, aprende as primeiras letras. Estudioso, cursa todas as séries exigidas. Um dia, a escola terrena dá por encerrados seus estudos e o classifica apto a lecionar – às vezes, até na própria escola em que se preparou. Se for sensato, reconhecerá, com certeza, que conhece apenas "o razoável" do assunto em que se especializou e, então, continuará estudando a vida toda. Mas esse conhecimento adquirido é patrimônio seu, conseguido por seu esforço. Querendo lecionar, pode e deve fazê-lo, porque alguns nem têm esse saber que você considera moderado. E felizes os que passam aos outros seus conhecimentos. Muitos se indagam: terei capacidade de lecionar? Tendo conhecimento da matéria em questão, têm capacidade, sim. Aqui também é assim. Todos temos que aprender para saber. Que tristeza seria sentir que não há mais nada para aprender. O aluno não deve ficar muito tempo na mesma série. Seu estudo deve render até que passe de aluno a mestre. Tenho acompanhado seus estudos: aprende com amor e já está apta a ensinar o que adquiriu.

– Mas, Maurício – insisti –, e se não estiver?

– Está! O que pensa você que é um instrutor aqui no plano espiritual? É somente um espírito dedicado, estudioso, que começou seu aprendizado como todos. Não se deve ser avaro de conhecimentos, se julgar incapaz nem ser presunçoso com o que julga saber. Necessário e indispensável é o bom senso; por ele temos a exata medida de nosso cabedal, sem, entretanto, chegar à vaidade. Depois, Patrícia, ninguém quer uma sumidade para ensinar, mas, sim, aqueles que transmitem com amor os conhecimentos que possuem. Se a chamaram, é porque a julgaram apta. Aqui não existe o "jeitinho" que leva muitos a ter cargos imerecidos. Depois, os cursos vêm prontos à sua mão. É verdade que terá de responder a muitas questões. Confio em você. Aceite e tire bom proveito dessa experiência.

Também fui conversar com vovó Amaziles. Gosto muito de visitá-la e a suas amigas, de suavizar a saudade que sinto da casa em que moram e que foi minha primeira acomodação depois que desencarnei. Após os abraços, falei da minha dúvida.

– Patrícia – respondeu vovó –, esse curso é muito importante. Nele, aprende-se muito do plano espiritual, na teoria e na prática. Aquisição teórica ou intelectual são apenas arquivos de informações e conhecimentos. As excursões feitas durante o curso são a vivência do fato. Com compreensão, todo aquele que viveu sabe como tomar a melhor atitude diante de cada problema. A intenção do curso é de que todos que o frequentem tenham essa compreensão. Pois somente a vivência desses fatos ou conhecimentos é transmitida às nossas células perispirituais e, consequentemente, às células físicas. E, quando reencarnarmos, essas vivências aflorarão em nossa mente como dom nato ou como mente inconsciente. Aceite, você é capaz! Você tem estudado tanto! Coloque em prática o que aprendeu e ainda aprende.

De Antônio Carlos, ouvi:

– Não fazer, por julgar-se incapaz, não é aceito como desculpa nem aqui, no plano espiritual, nem encarnado. Se não é, torne-se. Todos somos capazes. Principalmente se não nos é exigido o impossível. Agiu certo, de modo prudente, consultando os amigos. Quando nos sentimos inseguros, devemos pedir opiniões a amigos que consideramos e por quem somos considerados. Com as sugestões recebidas, devemos então optar pelo que é melhor para nós mesmos e para os outros. Não é certo fazer o que não somos capazes no momento. Às vezes, imprudentemente, prejudicamos a nós e aos outros ao fazer algo por ambição, poder e vaidade. Não é o seu caso. Aceite e lembre-se: aprendemos muito mais quando transmitimos conhecimentos.

Também me aconselhei com papai e dele recebi preciosa lição.

– Filha, a vida sabe melhor o que é bom a cada um de nós. Estamos sempre sendo convidados a assumir alguma tarefa. Para mim, o melhor lugar é aquele em que somos mais úteis. Ao esquecermos de nós mesmos, vivendo entregues ao bem alheio, criamos condições para que Deus possa agir por meio da nossa humilde personalidade. E, nunca se esqueça, tudo o que fizer, faça bem feito.

E ali estava eu, numa sala de estudo, dando uma aula sobre as colônias, sentindo-me perfeitamente à vontade.

A sala de aula era muito agradável. Talvez não tivesse, para os outros, a mesma beleza vista por mim. "Lugar de ensino deve ser um lugar diferente. O local onde se aprende deve ser respeitado como um templo", disse uma vez um amigo. Concordava com ele. Todas as escolas deveriam ser educandários, que preparam para a vida útil. A classe era pequena, tinha uma lousa, mesinhas confortáveis e duas grandes janelas com vista para o jardim que contornava a escola. O que a tornava tão agradável para mim era que ali nos reuníamos para o estudo. E aprender ensinando me fascina.

– Por que esta colônia tem o nome de Vida Nova? – perguntou Terezinha.

– Todas as colônias, postos de socorro, casas de auxílio têm uma designação pela qual são conhecidas. É como na Terra, todos os lugares têm nome. Quando esta colônia foi fundada, um dos seus idealizadores lhe deu esse nome esperando que todos que viessem para cá tivessem realmente um reinício de esperança e mudanças para melhor, o que os levaria a uma vida nova. Daí o nome.

Os vinte e dois alunos prestaram muita atenção e depois voltaram para as suas tarefas: descrever a colônia que os abrigava.

A Colônia Vida Nova fica no plano espiritual de uma cidade brasileira, pitoresca e de porte médio. É linda!

Que interessante é o amor incondicional. Quanto mais uma mãe olha seu filho, mais o acha bonito, não importa quantas vezes o faça. Assim acontece comigo. Todas as vezes que chego a uma colônia, esta é para mim maravilhosa. Emociono-me e alegro-me. Como é agradável estar no convívio de uma cidade no plano espiritual.

A aula transcorria tranquilamente.

3

Ouvindo uma história

As dissertações ficaram muito boas. Após a leitura de algumas, pelos próprios alunos, concluímos que nem todos têm a mesma impressão do plano espiritual. Albertina até me indagou:

— Patrícia, como pode haver tantos modos de ver, sentir e ter sensações diferentes diante de um mesmo objeto ou lugar?

— Realmente – respondi. – Podem existir muitas formas de sentir os acontecimentos pelos quais somos envolvidos. Estou me lembrando agora de algo que ilustra bem esse fato. Há algum tempo, ouvi uma historinha interessante. "Uma florzinha branca e mimosa floresceu à beira de uma estrada. Por esse caminho passavam muitas pessoas. Algumas, sem sequer vê-la. Uma mulher, ao defrontar-se com ela, disse: 'Veja, uma flor à beira da estrada! Ela é medicinal, muito boa para dores. É bom saber que aqui tem, quando precisar, virei buscar'. Um poeta que cantava as alegrias e tristezas, as belezas do mundo, também passou pela estrada e, ao ver a flor, parou e exclamou comovido: 'Que linda flor! É digna de enfeitar os mais lindos cabelos de uma mulher apaixonada! Mas, infelizmente, no momento não estou amando, senão a levaria para enfeitar minha amada!' Em seguida passou pela estrada uma jovem que, ao ver a delicada flor, parou para admirá-la. 'Que florzinha mais encantadora! Que perfeição em seus contornos! Como é bonito ver uma flor a enfeitar uma estrada, suavizando a visão talvez tão cansada e preocupada dos que passam por aqui.' Com um gesto meigo, beijou a flor e seguiu seu caminho. Passou por ali também um materialista que, ao ver a flor, falou revoltado e furioso: 'Flor imbecil, por que veio florir nesta estrada poeirenta? Seu branco não combina com a sujeira do lugar. É uma inútil!' Chutou-a e foi embora. Um senhor cujos cabelos o tempo havia branqueado, ao ver a flor ali solitária, à beira da estrada, exclamou: 'Como a obra de Deus é perfeita! Como o Senhor do Universo é bondoso conosco, dando-nos belezas na natureza para nos alegrar! Seja bendita, florzinha branca! Obrigado por você existir e nos alegrar!' Sabiamente continuou seu caminho. E a singela flor continuou sendo a mesma para todos." Só que, conforme a compreensão, o interesse, o estado de espírito, viam-na de maneiras diversas.

"Todos esses personagens, ao verem a flor, reagiram em conformidade com seu condicionamento. A mulher, preocupada com enfermidades físicas, viu na flor seus dotes curativos. Para o poeta, a flor foi a causa ou o motivo para aflorarem em sua mente os devaneios mentais. O senil, já desiludido com as ilusões mundanas, ansioso por unir-se a Deus, viu ali a manifestação Daquele que tanto procurava.

"Se falarmos a respeito disso com um mestre espiritual, ele nos dirá que o belo ou o feio que possamos vir a ver é consequência de nossa escolha pessoal. A vida não faz discriminações entre suas manifestações. O bem e o mal estão restritos ao âmbito hominal, assim como o belo e o feio. Cosmicamente, eles não existem, pois nada há em que não haja a onipresença divina. Cada ser ou criatura tem sua razão de ser na cadeia das relações em que a vida se manifesta. Toda manifestação tem os dotes de que necessita para desempenhar sua função. É muito importante que possamos aprender a ver as coisas como são e não como queremos que sejam.

"As colônias, Albertina, são lugares que abrigam muitos, temporariamente, como no plano físico. E, dependendo de muitos fatores, cada qual as vê como consegue ou quer. Esse fato também acontece com os encarnados. Muitos se deslumbram diante de um jardim florido, da visão de um rio, de montanhas, outros nem os veem, e para alguns tudo isso é indiferente. Acho as colônias encantadoras. Quando estava encarnada, maravilhava-me com os lugares belos da Terra. Achava lindo o mar, gostava de olhar o céu, as flores, deslumbrava-me e deslumbro-me ainda com tantas belezas. Nossa Terra é bela!"

Descreverei, para melhor ilustrar esse fato, uma redação que foi feita sobre o assunto. Quase todos a fizeram. Vamos comentar a que achei mais interessante.

Que coisa fantástica é a vida e, por mais que a observemos, parece-nos sempre nova. Quando escutamos a história da vida de uma pessoa, ouvimos a nossa própria, pois ela nos traz notícias de um ser humano, portanto, a história da própria humanidade. Mas, normalmente, não ouvimos muito as pessoas, pois quase sempre vivemos fechados em nosso mundo interior de tal forma que, mesmo aparentemente lhes dando atenção, não chegamos a entendê-las. Para compreender uma história, é necessário viver as emoções de quem narra os acontecimentos, seu estado psíquico, de alegria, esperança, angústia, rancor, mágoa, gratidão ou qualquer outro estado emocional. Escutando com atenção a história de Genoveva, uma pessoa comum, como a maioria dos encarnados ou desencarnados, teremos a oportunidade de entender o porquê de muitas vezes fazermos de nossas existências uma verdadeira tragédia, da qual desfrutamos pequenos momentos de alegria e um tempo sem conta de desespero, frustrações, angústias e dores. A personagem é uma manifestação divina. Amando a presença de Deus, que é o autor de todas as manifestações em cada criatura, teremos compaixão de todos os seres humanos que no momento representam, como atores, no palco da vida. Imbuídos desses sentimentos, podemos ver a enormidade de nossa ignorância. Como ela começou não importa, o que interessa é seu fim. Isso está em nossas mãos realizar. Portanto, não vamos aplaudir ou censurar os erros ou os acertos de uma pessoa, mas compreender o que a humanidade tem feito com o privilégio de viver, cientes daquilo que somos: seres humanos.

Genoveva começa contando sua desencarnação. Transcrevo-a, porque chegamos à conclusão de que está muito relacionada à nossa maneira de viver encarnados, à nossa desencarnação e à nossa vivência aqui, no plano espiritual. A própria Genoveva leu sua redação para toda a classe.

"Desencarnei jovem", começou Genoveva, "bem, não tão jovem. Tinha trinta e sete anos. Amava a vida, tinha lá meus problemas como todo mundo, mas estava satisfeita. Casada, tinha dois filhos adolescentes, vivia feliz no meu lar. Um dia, como fazia sempre, saí para comprar roupas. Estava indecisa entre duas saias. Distraída, atravessei a rua, quando um carro, dirigido por um jovem embriagado, me atropelou. Ele corria além do permitido e eu estava entretida: não deu para evitar o acidente. Desencarnei no ato. Se as pessoas que viram ficaram abaladas e confusas, imaginem eu. Senti-me jogada no chão e escutei meus ossos quebrarem. Não senti dor, fiquei atordoada. Sentei-me com dificuldade na calçada. Não conseguia ver direito e, então, perdi os sentidos. Acordei num lugar escuro, úmido, com cheiro nada agradável. Sentei-me e esfreguei os olhos. Tive a certeza de que estava acordada. Mas onde? Vi, então, uma senhora a uns dois metros de mim, que me observava calada. Era bem feia, estava suja, cabelos brancos espetados: achei-a horrível. Ela ficou quieta, enquanto eu a olhava detalhadamente. Concluí, como sempre fazia, que nem todos eram bonitos como eu. Resolvi indagar-lhe:

'A senhora sabe por que estou aqui neste lugar estranho?'

'Não é estranho', respondeu ela, séria, 'é um lugar como outro qualquer'.

'Mas como vim parar aqui? Não me lembro...', indaguei com delicadeza, tentando ser gentil com aquela estranha mulher.

'Uma turma das que andam por aqui a trouxe', disse ela, após um instante em silêncio. 'Escutei-os dizer que a acharam sem sentido, após o acidente. Como não havia ninguém ao seu lado, pegaram-na e deixaram-na aí.'

'O acidente!', exclamei. 'Lembro-me bem! O carro daquele maluco! Mas não era para eu estar num hospital?'

'Se não tivesse morrido, acho que sim', respondeu a senhora com sua voz rouca, o que para mim, no momento, era muito desagradável.

'O que a senhora está me dizendo? Se não tivesse morrido? Por quê? Morri?'

'Que acha? Claro que morreu!', respondeu, dando um sorriso cínico.

'Não e não! Não morri!', gritei.

'Morreu! Morreu e morreu!', gritou ela mais do que eu. 'O carro passou em cima de você, e seu corpo morreu. Mas, como ninguém morre de fato, aqui estamos, vivas em espírito.'

'Faz tempo que estou aqui?', perguntei, assustada.

'Um bom tempo. Estava aí deitada sem sentidos.'

'Mas que lugar é este?', indaguei desesperada.

'Pelo que vê, não é muito bom', respondeu a senhora após uns minutos calada. 'Você não deve ter sido boa coisa, senão teria sido levada para outro lugar.'

'Como se atreve?', falei, sentida.

'Ora, ora, falo como quero. Você é morta! Morta!'

'Não e não!', repetia, já duvidando.

Chorei muito, revoltei-me, dei murros no chão até que cansei. A mulher saiu de perto de mim. Dormi. Acordei e senti-me pior, estava com sede e fome e sentindo-me suja, desarrumada, de um jeito que detestava ficar. Pensei no acidente e tive ódio do imprudente motorista e, então, senti meu corpo doer. Percebi que era só pensar no acidente para ter dores, esforcei-me para não pensar mais. Resolvi saber onde estava. Arrastando-me, locomovi-me alguns metros, estava numa pequena abertura de uma rocha. Perto, achei um filete d'água que, com nojo, tomei, amenizando a minha sede. Vi que outros que estavam ali a tomavam e comiam pequenas ervas. Comi também. Não me atrevia a ir mais longe e, quando saía, voltava sempre rápido para a abertura. Aquela senhora igualmente se abrigava ali, só que saía e demorava a voltar, pois andava pelo Umbral. Às vezes, conversava comigo, era a única pessoa com quem eu falava. Sentia-me terrivelmente só."

Faço uma parada na narrativa de Genoveva para explicar alguns detalhes. Muitos não vivem como parte integrante do universo, agem como entes separados da vida. A lagarta nos dá um bom exemplo de como agir. Como lagarta, realiza com eficiência sua função, vive para se empanturrar de folhas, adquirindo energia suficiente para que possa acontecer sua metamorfose. Muitos encarnados esbanjam energias insensatamente, de tal forma que, no momento da desencarnação, estão tão defasados que o espírito não consegue abandonar a matéria. Não devemos negar as funções do viver, mas sim estar conscientes de que somos transeuntes; não fazer da existência um acúmulo de sensações e prazeres como se isso fosse a finalidade única para a qual reencarnamos. Identifico Genoveva com muitos de nós. Nossa narradora se identificou com o que representava, um elemento feminino cheio de dotes e beleza física diante do sexo oposto, sentindo-se segura e confiante, pois tinha mais que as outras. Nada lhe interessava a não ser ela mesma. Tudo o mais, até o marido e os filhos, era apenas apêndice do seu "*status*". Meditando, conseguimos olhar o universo como um todo orgânico, vendo a unidade de Deus. Assim compreendemos Sua onipresença em tudo e em todos, entendendo, então, que para a natureza não há nem bonito nem feio, mas simplesmente um conjunto de manifestações ou indivíduos que juntos compõem o universo manifestado. Vemos, assim, que o bonito e o feio fazem parte de nossa preferência pessoal. Se conseguimos ver isso como um fato, libertamo-nos do apego, dos desejos e das sensações de sermos melhores que os outros. O início da verdadeira humildade é não se sentir melhor que ninguém. Entre milhares de desencarnações que ocorrem diariamente, cada desencarnado tem uma sensação diferente da passagem do estado físico para o espiritual. Mesmo em acidentes parecidos com o de Genoveva, cada qual a sente de um modo. A desencarnação é um fato comum e natural, mas que se diferencia de uma pessoa para outra. Genoveva foi desligada bruscamente com o choque. Ao perder os sentidos, ficou em perispírito deitada na calçada, já que seu corpo físico logo em seguida foi levado para o necrotério. Como não tinha ninguém do bem, isto é, trabalhadores ou socorristas, para a velar e socorrer, os desencarnados que vagavam a pegaram. Levaram-na, após vampirizar seus fluidos vitais, e a deixaram lá no Umbral. Se Genoveva tivesse adquirido afetos espirituais por meio de sua vivência física, teria sido levada para um socorro. No exercício da fraternidade incondicional, que é o fazer sem desejar nada em troca, nem mesmo recompensa da parte de Deus, emanamos boas vibrações. Com vibrações assim, atraímos para junto de nós bons espíritos, como também elas impedem o assédio dos maus à nossa volta. Tenho visto muitos acontecimentos em que desencarnados maus pegam recém-desencarnados imprudentes e os fazem de escravos ou os levam para suas cidades. Estes, porém, sugaram de Genoveva suas energias e a deixaram num canto do Umbral. Voltemos à sua narração.

"Não sabia há quanto tempo estava ali, naquele lugar horroroso. Só mais tarde vim a saber que foram seis meses, que para mim pareceram mais de seis anos. Sentia, às vezes, meus filhos me chamarem. Respondia alto:

'Vou, filho, vou!'

Mas não ia. Não sabia como ir e nem tinha forças para me locomover. Sentia que oravam por mim, nesses instantes, ficava mais calma. Comecei então a me lembrar muito de dona Rita, minha ex-vizinha. Recordei que ela era aposentada e viúva e que seu filho, que morava longe, não lhe dava atenção. Passava por muitas necessidades. Eu lhe dava muitas coisas, inclusive comida pronta, ora o almoço, ora o jantar, comprava-lhe remédios, dava-lhe carinho. Ia vê-la quase todos os dias e, agora, ela orava muito por mim. Escutava-a dizer:

'Genoveva, peça ajuda a Deus. Ele é nosso Pai e nos ama. Peça perdão! Queira ajuda!'

Fiquei a pensar no que escutava, 'peça ajuda, peça perdão'. Mas eu estava revoltada, não queria ter morrido. Era bonita, cheia de vida e saúde. Agora estava sofrendo. E não queria continuar, tinha que mudar aquele estado, só que não sabia como. As orações de dona Rita foram acabando com minha revolta, acalmei-me e comecei a meditar. Nunca pensei que a morte viesse para mim, só para os outros. Ainda mais que me achava jovem para morrer, não queria a morte nem na velhice. Então percebi que por ali passavam outras pessoas, eram diferentes, limpas e com semblante tranquilo. Já haviam tentado conversar comigo, porém, não lhes dera atenção. Talvez vocês achem incoerente essa minha atitude, a sujeira me incomodava, achava aquele lugar horrível e assim mesmo não dava atenção para aquelas pessoas limpas e saudáveis. Mas, naquele momento, não me sentia bem perto delas; não queria o que me ofereciam, a ajuda espiritual, mas sim o que havia perdido com a vida física. Sentia-me inferior a elas, e isso me magoava. Também estava envergonhada por estar em estado tão deprimente. É que, quando encarnada, me sentia como se fosse rainha e agora era um farrapo feminino. Mas depois achei que elas poderiam me ajudar. Quando as vi de novo, chamei-as, pensando firme nos dizeres da minha ex-vizinha: 'Peça ajuda! Peça perdão!'

'Senhores, por favor, me deem atenção!'

Aproximaram-se e, perto deles, senti como eram felizes. Olhei-os emocionada.

'O que quer?', indagou um deles.

'Ajuda, perdão...', respondi, envergonhada.

'Venha conosco.'"

Novamente interrompo a narração de Genoveva para algumas explicações. Ao pedir perdão, demonstrou que reconhecia os erros cometidos e que desejava mudar para melhor. Deus não se ofende conosco, ama-nos muito.

O que precisamos é da renovação interior para que participemos da renovação da humanidade. Normalmente, quando os familiares chamam os desencarnados, estes os atendem, indo para perto deles se não tiverem conhecimentos da vida no plano espiritual. E Genoveva não os tinha. São muitos os que saem dos postos de socorro para atender a esses chamados. O desconforto ocasiona ao desencarnado o desejo de voltar ao estado anterior, isto é, a vivência que tinha quando encarnado. A vontade forte o leva para onde quer, quase sempre ao antigo lar ou para perto de seus afetos. Os recém-socorridos que estão abrigados nas colônias maiores não saem, porque elas ficam mais longe da crosta e não é tão fácil sair sem permissão. Mas muitos desencarnados, para atender a insistentes chamados, pedem para ir, mesmo sabendo o risco que correm ao voltar sem estar preparados. Desencarnados que vagam pelo Umbral costumam também atender a esses chamados. Mas nem todos voltam, como no caso de Genoveva. Primeiro, os chamados não foram tão insistentes. Segundo, ela teve medo de sair do lugar em que estava. Depois, Genoveva não amava a ninguém mais do que a ela mesma. Também porque ela se sentia enfraquecida, sem forças psíquicas. Quanto à ajuda que recebeu de dona Rita, foi uma reação a uma de suas ações. Como meu pai sempre diz: "O bem que fazemos a nós mesmos fazemos". E ele se lembra sempre dos dizeres do Nazareno, que é como gosta de se referir a Jesus, nosso Grande Mestre: "Granjear amigos com as riquezas da iniquidade, para que, quando vierdes a precisar, vos recebam nos tabernáculos eternos" (Lucas, XVI:9).[3] Quando fazemos o bem, fazemos amigos. Se um deles nos for grato, ele nos ajudará quando necessitarmos. Genoveva fez algumas boas ações. E dona Rita, grata, não a esqueceu. Orou com sinceridade e fé para ela. Oração sincera não fica sem resposta. Genoveva recebeu o carinho de sua ex-vizinha da forma que precisava no momento. Ela recebia seus fluidos de ânimo e conforto, embora sua ex-vizinha fizesse orações decoradas que lhe ensinara a religião que seguia. Orações envolvem o beneficiado com energias benfazejas, de modo a ajudar no que necessita. E para Genoveva eram para que se arrependesse, para que pedisse perdão e perdoasse, que chamasse por ajuda, mudando, assim, seu padrão vibratório e possibilitando o socorro. E foi isso o que ela fez.

Continuemos com a interessante narrativa de Genoveva:

"Fui amparada com delicadeza. Um senhor e uma moça me levaram para uma casa enorme, um posto de

---

3. As citações do *Evangelho* contidas neste livro foram tiradas da *Bíblia* – Tradução Vulgata. (N.A.E.)

socorro no Umbral. A moça me ajudou a tomar banho. Deliciei-me. Com roupas limpas, tomei um prato de sopa quente, que achei muito saborosa. Depois me acomodei num leito perfumado e dormi tranquila. Não estava doente, não sentia dores, estava só desorientada e com fraqueza. Recuperei-me logo. E fui transferida para esta colônia.

'Você vai para a Colônia Vida Nova. Verá como ela é linda.'

Ouvi muitos comentários parecidos. E fiquei curiosa para vê-la. Fui levada à colônia com outros que também iam ver uma cidade no plano espiritual pela primeira vez. Lá nos separamos, e fui conduzida para uma casa, onde fiquei hospedada. Que decepção! Não vi nada das maravilhas de que ouvi. A casa, sem arranjos e enfeites, era simples demais. Só tinha o necessário.

'Que beleza de jardim!'

'Que flores lindas!'

Tentava prestar atenção e descobrir onde estava a beleza de que ouvia. O jardim para mim parecia com outro qualquer da Terra. Só que talvez mais cuidado e respeitado. As flores eram flores como sempre foram. Havia algumas diferentes, mas eram plantas... Estava apática. Tentava ser gentil com as pessoas que moravam comigo, porque era tratada com extrema delicadeza. Carinhosamente me levaram para conhecer a colônia. Nada me entusiasmou.

Achei-a extremamente sem atrativos, as belezas e sensações das quais gostava não eram cultivadas. Havia muitas mulheres bonitas, mas elas agiam como se esse fato não lhes importasse. Para mim, a minha beleza era um patrimônio, e gostava de ser assim. Quando encarnada, sentia-me superior à maioria das mulheres. A colônia era um lugar como outro qualquer. Bem, como outro qualquer, não! Para ser sincera, perto do lugar em que fiquei, no Umbral, na abertura da rocha, ali era o paraíso. Os novos amigos muito me aconselharam. Eles me consideravam como se fosse amiga deles, mas eu não, para mim eram somente pessoas boas que tentavam me ajudar. Tudo fizeram para me tirar da apatia. Fui convidada a fazer pequenas tarefas. Não era preguiçosa, era muito fútil e vaidosa, mas não ociosa. Aceitei, porque achei que deveria ocupar meu tempo. Fui trabalhar na biblioteca. Maura, uma senhora alegre e extrovertida, me orientou no começo.

'Genoveva, querida, coloque estes livros em ordem alfabética.'

Fazia tudo direitinho.

'Muito bem!', incentivava ela. 'Você tem trabalhado com vontade. Você não é curiosa? Não tem interesse no conteúdo destes livros? Não gosta de ler? Não a vejo nem folheá-los.'

Acabei por pegar um livro. Abri e li uma página. Era um livro que os encarnados têm também o privilégio de conseguir para leitura. Levei-o emprestado para casa.

Minha apatia foi desaparecendo aos poucos com a ajuda e a alegria dos meus amigos – agora sim, considero-os como amigos – e de lições ouvidas e lidas. Com estudo e atenção fui compreendendo que meu corpo e tudo o que me rodeava não existiam para meu prazer e sensações, mas, sim, como parte de um todo que é a manifestação de Deus. Então aconteceu o que não esperava, antes, vendo, eu não via; ouvindo, eu não ouvia. Agora vejo e ouço o que antes me passava despercebido. Comecei a esquecer de mim para prestar atenção à minha volta. Tempos depois, tentei ver tudo novamente para encontrar as belezas tão admiradas. Amo muito esta colônia, mas beleza para mim, por muito tempo, foi outra coisa: vestidos novos da moda, luxo e beleza física. Só a compreensão nos faz ver a beleza nas coisas simples. Aprendo a vê-las. Estudei e estudo, trabalho e tenho paz, agora estou bem.

Depois de um tempo por aqui, pedi permissão para visitar meus familiares, pedidos estes feitos por quase todos os que vêm para cá. Alguns dias após ter solicitado, o pessoal do departamento que cuida de atender a esses rogos chamou-me para entrevista.

'Tenho saudades dos meus familiares', disse, 'quero vê-los e saber como estão.'

Meu pedido foi aceito e, ao marcar dia e hora, lembrei-me de dona Rita, e pedi outro favor.

'Será que não posso ir só um pouquinho à casa de minha ex-vizinha?'

'Pode', responderam."

Vamos parar um pouquinho com a narrativa para elucidar.

Nessas primeiras visitas, os desencarnados seguem algumas normas da casa onde estão abrigados e que nem sempre são as mesmas para todos. Elas têm o objetivo de preservar o equilíbrio do novato em sua nova maneira de viver. Para cada um é determinado um tempo, conforme as necessidades do visitante. Mas é costume, nas primeiras vezes, irem com um companheiro experiente, que nem sempre fica junto durante a visita, mas que os acompanha para trazê-los de volta à casa em que estão abrigados.

Voltemos à narrativa.

"Emocionei-me ao ver meu esposo e meus dois filhos. Percebi que os amava de forma egoísta. Tanto que, ao desencarnar, só pensei em mim. Não julguei que eles sofreriam pela nossa separação. Os três estavam muito unidos. Arrumaram uma empregada e um tentava ajudar o outro, dando forças. Fiquei por horas esforçando-me para seguir os ensinamentos e recomendações que recebi, ficar alegre, orar por eles e não interferir no momento de eles agirem. Quase na hora de ir embora, fui ver dona Rita e, para meu espanto, ela me sentiu; era sensitiva e percebeu minha presença. Não que tenha me visto, mas pensou em mim de maneira terna.

'Genoveva, que Deus a proteja onde esteja. Que seja feliz! Sou-lhe tão grata! Obrigada!'

Orou e me disse coisas carinhosas com as quais me animei. Soube, também, que meu esposo continuou lhe dando, em minha intenção, todo mês, uma quantia em dinheiro. Ele é maravilhoso, meus filhos também.

Na hora de voltar, esperei meu acompanhante para retornarmos à colônia. Abracei-o e chorei. Afagou-me somente. Meu choro era diferente. Tinha sido muito feliz encarnada e queria voltar a ser... Mudei, tornei-me mais alegre e entusiasmada."

Genoveva terminou. Como sempre, após a leitura, havia perguntas. Essas redações não são obrigatórias, nem a sua leitura. Faz quem quer, podendo também o aluno falar sobre o assunto, ficando à vontade. Mas, dessa vez, foi Genoveva quem indagou:

— Patrícia, quando fui ver dona Rita, quando ela me agradeceu, saíram dela raios lindos, coloridos, que vieram até mim. Foi muito agradável. Percebi que aquela sensação de carinho que recebia dela já tinha recebido outras vezes, principalmente quando estava no Umbral. Também agradeci a dona Rita, estava ali para isso. E vi que, ao fazê-lo, também saíram de mim esses raios, que lhe foram igualmente muito agradáveis. Que você me diz sobre isso?

– Quando estamos carentes – respondi –, é que mais sentimos as vibrações de carinho, como você no Umbral. Dona Rita orava por você, desejando-lhe que estivesse bem. O ato de agradecer é muito bonito. O agradecimento sincero sai da alma e envolve a pessoa que agradece com raios de suave colorido, que depois vão para aquela a quem se está agradecendo, beneficiando a ambas. Muitos pensam que bons e harmoniosos fluidos só acontecem em esferas elevadas e que só espíritos superiores são portadores de tais vibrações. É que ainda não perceberam que, por Deus, fomos dotados, em estado potencial, com a capacidade de amar e de sermos fraternos, cabendo-nos somente atualizar esse estado de vida. O estado psíquico de gratidão é uma faculdade do ser humano. Somos filhos do amor. Mas não devemos nos importar com agradecimentos e, sim compreender o que realmente somos, para que, ultrapassando o egoísmo, cheguemos ao estado de fraternidade, em que a gratidão seja uma situação natural de viver. Beneficiamos a nós mesmos quando cultivamos o sentimento sincero da gratidão.

Ninguém fez mais perguntas e fomos para um pequeno intervalo. Fiquei a meditar. Muitos temem a desencarnação por não ter o preparo para essa continuação de vida. Muitos sofrem com essa mudança, que nos é imposta, para a qual não se tem escolha. Outros a acham maravilhosa, pois, pela lei da afinidade, gostam muito do lugar para onde foram atraídos. A natureza não dá saltos, nada é excepcional, e a beleza está na simplicidade. Muito se tem falado da continuação da vida depois da morte física, cabe a cada um fazer seu preparo, sem descuidar do presente. Pois é no momento atual que construímos nosso futuro. Devemos viver bem e no bem, sempre. A desencarnação pode ocorrer a qualquer momento. Que ela nos surpreenda, então, de tal modo que possamos estar aptos a continuar a viver bem e felizes.

4

Colóquio interessante

Numa aula especial, trocamos ideias sobre diversos assuntos do interesse da maioria. Lena, nossa querida colega, alegre como sempre, indagou:

— Patrícia, por que uns se deslumbram tanto com as colônias e outros não?

— Nada deve ser em excesso — expliquei. — O equilíbrio deve existir sempre. Colônias servem de lar a muitos desencarnados, mas temporariamente. Devemos amar, respeitar e dar valor a todas as formas de lar. Muitos, pela vibração, se afinam mais com estes lugares de paz e harmonia, que, para outros, são monótonos e sem atrativos. Quando aprendemos a ver Deus em tudo e dentro de nós, qualquer lugar é maravilhoso, não existem lugares ruins. Se estamos satisfeitos conosco, seremos felizes onde estivermos; se insatisfeitos, nada nos parecerá suficientemente bom.

Josefino perguntou para elucidar-se:

— Patrícia, as colônias progridem?

— Sim, e muito. As colônias estão sempre progredindo pelo trabalho de seus moradores. Estão sempre se modificando para melhorar a vivência temporária de todos os que aqui vêm.

— Elas aumentam de tamanho? Quem as constrói? — indagou Josefino novamente.

— Normalmente — respondi —, as colônias são criadas pequenas pelos seus fundadores. Vão sendo ampliadas conforme a necessidade. Seus fundadores são sempre desencarnados que amam o bem e o próximo. Muitas vezes, após a fundação, permanecem nelas trabalhando para o bem comum. Cada colônia tem os seus fundadores; são orientados por espíritos superiores, que trabalham como construtores no plano espiritual.

— Patrícia, nunca tive uma profissão, nem quando encarnado, nem quando vagava desencarnado — disse Josefino. — Aqui aprendi muito e, após o curso, vou estudar enfermagem.

— Fico contente por você, Josefino. Conhecimentos só nos fazem bem e, quanto mais sabemos, mais podemos ser úteis.

— Patrícia — replicou Marília —, continuaremos a exercer aqui a profissão que tínhamos quando encarnados? Fui advogada. Poderei trabalhar com a advocacia? Quando encarnada preocupei-me tanto com isso!

– Marília, profissões devem ser temporárias. Encarnados, nós as temos também para a sobrevivência. Aqui devemos ser úteis, aprendendo as muitas formas de sê-lo. Os conhecimentos que teve ao estudar advocacia e ao exercê-la fizeram com que desenvolvesse sua inteligência; os conhecimentos que nos esforçamos para obter nos pertencem. Os encarnados não devem preocupar-se com o que farão no plano espiritual, se exercitarão sua profissão, ou inquietar-se se não tiverem uma. Quando queremos, achamos sempre um modo de sermos úteis e trabalhar. Aqui é uma continuação da vida, mas muda-se muito, muitas coisas que fazíamos quando encarnados não há como e por que fazê-las no plano espiritual. Aqui, nas colônias, fazemos rodízio de muitas tarefas para aprender e também para escolher a de que mais gostamos para nos dedicar a ela. Você, Marília, poderá fazer muitas tarefas e muito lucrará com o aprendizado.

– E no Umbral? – perguntou Marília novamente. – Trabalham, por lá? Os desencarnados exercem a profissão que tinham quando encarnados?

– Os que sofrem no Umbral – elucidei – não fazem nada, a não ser os que são obrigados, como escravos. Os moradores, principalmente das cidades umbralinas, trabalham, só que de modo muito diferente dos desencarnados bons que servem para o bem comum. No Umbral, tudo é feito com egoísmo, vaidade e para o mal. Consideram estar trabalhando, quando estão vingando, obsediando e destruindo. Lá muitos têm conhecimentos, mas os usam de forma errada. Quanto à profissão que tinham quando encarnados, quase sempre não têm como exercê-las, já que a vida física difere muito da que vivemos no plano espiritual.

– Patrícia – disse Marília –, quando eu ainda estava encarnada, um amigo meu desencarnou e, na ocasião, fiquei muito impressionada. Comecei a sentir muitas dores, como ele as sentia. Meu esposo me levou a um centro espírita e lá me falaram que ele não estava comigo como julgávamos, mas sim num hospital no plano espiritual. Fui aconselhada a não pensar nele e melhorei. Lembrando-me agora desse fato, gostaria de entender o que se passou.

– Vou lhe responder o que pode ter ocorrido. Porém, não se pode dar uma resposta para algo sem ter analisado bem o que aconteceu. Para cada fato há muitas explicações. Esse seu amigo desencarnado não estava perto de você, mas, ao pensar muito nele, você se ligou mentalmente a ele. Quando nos ligamos mentalmente, o que pode acontecer é uma transmissão de vibrações, podendo ocorrer até uma transfusão de energias. Por isso, somos incentivados pelos instrutores a pensar em coisas boas e a nos ligar a algo elevado ou a espíritos bons, pois, ao fazermos isso, absorvemos suas vibrações. Aquele que tem mais dá ao que tem menos. Ao pensarmos coisas ruins, ligamo-nos a espíritos afins e deles recebemos as más vibrações, quando não, somos por eles vampirizados, isso se estivermos encarnados. Podemos também permutar vibrações de desarmonia e angústias. Você, encarnada na época e pensando forte, se ligou ao seu amigo desencarnado, que, mesmo socorrido num hospital, estava ainda enfermo, e assim ocorreu a troca de fluidos. Ao não pensar mais nele tão insistentemente, desligou-se e melhorou. Devemos orar por todos, mas nessas orações não devemos atrair para nós nada que o outro esteja sentindo, mas sim enviar à pessoa a quem oramos bons fluidos, ânimo, paz e alegria.

– Patrícia, por que há tantos desequilíbrios? São muitos os desencarnados, perturbados, e também vemos encarnados com cérebro danificado, portando doenças mentais. Esse assunto me intriga – disse Olavo.

– Você, Olavo, deu a designação certa: desequilíbrio – falei. – Encarnados, quando se alimentam demasiado, desequilibram o aparelho digestivo, e a má digestão certamente os incomodará. Do mesmo modo, podemos nos equilibrar e desequilibrar pelos nossos atos. Ações boas nos equilibram, harmonizando-nos com a perfeição. Ações más danificam o perfeito, desequilibram, trazendo sempre a doença e o sofrimento como causa desse desequilíbrio. E quando sofremos sem nos revoltar acabamos por entender que foram nossos atos negativos que motivaram nosso sofrimento. Ao mudarmos nossa maneira de viver, teremos aprendido mais uma lição. Se não aprendermos pelo amor, acabaremos aprendendo pela dor. A mente e o corpo não são criados por nós, apenas os desenvolvemos. Tanto a mente como o corpo anseiam pela harmonia, que compõe a natureza. Essa harmonia só é possível quando não há interesse pessoal e quando todos trabalham com um único objetivo, o do bem comum. Agindo egoisticamente, nós nos separamos espontaneamente do movimento da vida. É como se o feto recusasse o sangue da mãe que o sustenta. A mente e o corpo, privados dos fluidos cósmicos, pelo egoísmo, entram em estado de perturbação. O remorso destrutivo desequilibra bastante. Muitos, ao desencarnarem, percebem o tanto que erraram, perturbando-se demasiado e, sem um preparo especializado das colônias, uma compreensão, ao reencarnar passam para o corpo esse desajuste. Essas deficiências também podem ocorrer quando abusam do corpo saudável, danificando-o com drogas ou matando-o, e eles podem então ser privados em outra encarnação de um corpo perfeito. Também o desequilíbrio mental pode ser causado por abuso da inteligência, prejudicando os outros. As anomalias físicas não existem como punição de Deus, mas sim como consequência do nosso remorso destrutivo, de uma vivência com fins próprios, e não como participantes da humanidade. Reconhecer que erramos é fundamental, punirmo-nos, por incrível que pareça, é uma atitude de egoísmo. Que seria mais agradável a Deus: ser um aleijado, um peso para a sociedade, ou reconhecer nossos desacertos e preparar-nos convenientemente para ser um daqueles que constroem e enobrecem os seres humanos? Certamente a segunda hipótese.

Helena pediu para falar e, atendida, deu-nos uma preciosa lição.

– Encarnada, tive uma deficiência mental. Meu cérebro não funcionava normalmente. Doenças? Foram várias, e a medicina tinha muitas explicações. Tomei muitos medicamentos. Desencarnei após sofrer muito. Que fiz para ter vivido assim? Esse fato veio a me incomodar, depois de eu ter melhorado no hospital desta colônia. As lembranças do passado vieram fácil à minha mente, quando encarnada, também as tinha e não as entendia, vinham como sensações desagradáveis a me incomodar. Meus erros foram muitos, marcando-me profundamente, recordações que meu espírito transmitia ao meu cérebro físico, de forma incerta, levando-me a me perturbar mais. Não quero e não vou falar dos erros do passado. Vou contar a vocês a minha experiência como doente mental. Não generalizo, narro a minha experiência particular. Encarnei, por afinidade, numa família de classe média, tendo assim assistência material e também afetiva. Desde criança, já era considerada estranha e esquisita. Quando entrava em crise, falava coisas desconexas, dizendo ser outra pessoa, ter outro nome, ser alguém desconhecido. Sentia realmente assim: ser duas. Na adolescência, piorei muito e fui internada em hospitais, onde sofria muito com a separação dos meus e com os medicamentos. Ora agia como uma pessoa, ora agia como outra. Havia também períodos de melhora, era nesses que reconhecia ser doente e os outros, normais. Queria me curar, envergonhava-me dos vexames, irritava-me e sofria com as chacotas e risos dos outros. Não queria dizer besteiras, não queria ser ridícula. Não era agressiva, a não ser quando me irritava, e aí xingava os outros. Era católica, ia muito à igreja quando estava calma. Quando estava nervosa, minha mãe não me deixava ir, porque não parava quieta, incomodando as pessoas. Gostava de ver Nossa Senhora Aparecida, a quem chamava de Parecidinha. Não rezava de forma decorada, mas minha contemplação era minha oração. Familiares e conhecidos, para me chatear, mexer comigo, diziam que iam bater na imagem de Nossa Senhora, e então eu chorava desesperada. Só parava quando alguém me garantia que não bateriam na minha Santinha. Fugia muito de casa para passear pelas ruas, andando de um lado a outro; quando me cansava, voltava para casa. Dei muitos vexames e sofri por isso, não queria ser daquele jeito. Para meu orgulho era um enorme ridículo. Aprendi muito nessa encarnação; desencarnei doente, com muitas dores, e uma equipe de socorristas que trabalhava em nome de Maria veio me socorrer. Sarei após um bom e longo tratamento, no hospital da colônia, e digo-lhes que também perdi o orgulho, que foi minha pior doença.

Completei com a explicação:

– Quando o desequilíbrio mental é muito grande, pode-se perder a capacidade de ser uma pessoa sadia. A recuperação só se faz com o auxílio de outros espíritos e de reencarnações, nas quais se recebe dos pais um cérebro saudável, que pode ser danificado com o desequilíbrio. O equilíbrio vem pouco a pouco, como a água limpa em caixa suja, que, renovada, acaba por limpar todo o ambiente. Pela bondade de Deus, que concede a reencarnação, se consegue o reequilíbrio. São muitas as causas que levam os encarnados a ter doenças mentais, e suas sensações diferem de uma pessoa para outra. Tenho escutado muitas narrativas diferentes de pessoas que, encarnadas, tiveram deficiências mentais. Não existem duas experiências iguais, mas normalmente são recuperações difíceis. Pela dor aprende-se o que se poderia muito bem ter aprendido pelo amor. Temos, para meditar, a narrativa de Helena. Não devemos ironizar o doente, porque poderia ser um de nós a passar por essa experiência de recuperação.

Não tendo mais comentários, a aula terminou com muito proveito para todos.

5

Amor e desapego

Paula tudo escutava e ficava pensativa. Não tinha muito tempo de desencarnada. Saindo de suas reflexões, indagou:

— Será que um dia irei gostar da vida de desencarnada? Sinto muita falta de tudo o que era meu.

Carlos Alberto demonstrou vontade de responder à colega e, notando isso, dei-lhe permissão para falar.

— Paula, também já me senti assim. Fiquei revoltado ao desencarnar. Não aceitava, pois fui tirado da vida física cheio de vitalidade, sonhos, planos; estava casado e com duas filhinhas para criar. Pensei muito: por que eu? Com tantos querendo morrer e continuando encarnados, e eu, que gostava tanto da vida física, desencarnei. Minha avó, com muita paciência, tentava me confortar. Dizia-me sempre:

"'Carlos Alberto, aqui você não terá a competição de um trabalho estafante, não ficará doente, não sentirá frio ou calor. A vida aqui é tão boa!'

'Gosto do trabalho competitivo, aprecio a luta pela sobrevivência, gosto do frio e nada mais agradável que sentir calor, e as doencinhas quebram a rotina', respondia, sincero.

Com o tempo, acabei conformado com o inevitável. Após muitos anos, entendi o porquê de ter me sentido desse modo. Foi por não estar preparado, por não ter informações verdadeiras da desencarnação. Amava muito e de maneira incorreta a vida material para entender a vida espiritual. Foi quando me tornei útil que passei a amar a vida, sem me importar se estava encarnado ou desencarnado. Paula, por que você não aprende a amar? Todas as fases de nossas existências, no plano físico ou espiritual, nos são úteis."

Achei muito válida a opinião de Carlos Alberto. Indaguei a Paula, querendo ajudá-la, como também para elucidar a turma sobre essa questão de interesse de todos e que não estava no plano de aula.

— Paula, tenho notado que você se queixa muito. Agia assim quando encarnada?

— Acho que sim. Tinha reumatismo, que me incomodava muito, morava com meu filho e não me dava bem com a nora...

— Paula — interrompi —, muitos de nós costumamos reclamar por não aceitar o que temos e o que somos. Quando encarnada, você se queixava de muitas coisas e não mudou ao desencarnar. Ninguém muda de imediato. Para nos transformarmos, necessitamos de muita compreensão. Temos sempre muitas possibilidades de ser felizes, só que quase sempre não as percebemos. Muitas vezes, prefere-se desejar algo que não se tem, na ilusão de ser ou ter. Colocamos muito nos atos externos ou em terceiros a nossa tão falada felicidade. E, na maioria das vezes, ao conseguir o que almejamos, a euforia passa logo, e voltamos a desejar outras coisas. A tão sonhada felicidade está dentro de nós, não importa onde estejamos e o que façamos; os atos externos não devem influir em nossa paz interior. Muitos acham que só serão felizes desencarnados. Outros, que só a vida encarnada lhes trará alegrias. Ao colocar fatos externos como condições para sermos felizes, não o somos. Como também não devemos esperar que outros resolvam para nós nossas dificuldades. Enquanto não solucionarmos nossos conflitos de ter e ser, seremos insatisfeitos em qualquer lugar que estivermos. A felicidade duradoura está na paz conquistada, na harmonia, no equilíbrio, na alegria de ser útil, no bem e no caminhar para o progresso. Creio, Paula, que irá gostar da vida desencarnada quando sua felicidade não depender de nada ou de ninguém; quando não esperar recompensas, retorno; não exigir nada; quando você amar a si mesma, à vida e a todos os que a rodeiam.

– Patrícia, por que não falamos um pouco sobre o amor? – disse Heloísa. – Sobre o amor e o desapego.

O assunto era deveras fascinante, tentei elucidar a turma:

– Amar, mesmo que seja de forma egoísta, todos os seres humanos o fazem, nem que seja a si mesmos. Amar de forma verdadeira, sem egoísmo e posse, demonstra o que se aprende. Amando verdadeiramente, anulamos erros e irradiamos alegrias em nossa volta.

"Amar e desapegar-se dos seres que amamos não é fácil. Encarnados, quando aprendem a se desprender do que lhes é caro, chegam a ter sensações de dor, porque sufocam a ilusão de ter. Amar a tudo, dando valor, mas sabendo que nos é emprestado. E por quem? Pelo nosso Criador. Com objeto emprestado, cuidado dobrado. Sim, realmente, tudo nos é emprestado, já que não somos donos de nada material, não possuímos nada. Nosso amor pelas coisas deve ser incondicional, usar o que nos é permitido, sem abusar. Dar valor à casa que nos serve de lar, às roupas que vestem nosso corpo, ao local em que trabalhamos, onde recebemos o dinheiro para o sustento material, enfim, a todos os objetos que nos são úteis. Porém, teremos um dia que deixar tudo para outros, e que o deixemos da melhor forma possível, para que eles possam desfrutar dos objetos emprestados tanto quanto nós. Até o corpo físico temos que devolver à natureza. E como essa devolução é difícil para muitos!

Até aí, parece fácil, embora saibamos que muitos, possuídos pelo desejo de ter, se esquecem desse fato, apegam-se às coisas, aos objetos, julgando ser deles, e quando desencarnam não querem deixá-los e a eles ficam presos. Há uma parte mais difícil, que é amar nossos entes queridos sem apego. Quase sempre nos julgamos insubstituíveis junto daqueles que amamos, que ninguém os ama mais que nós e que somos indispensáveis na vida deles. Apegamo-nos assim a estes, esquecendo que eles também são amados por Deus e que somos companheiros de viagem, cabendo a cada um caminhar com seus próprios passos. E muitas vezes, nessas caminhadas, somos levados a nos distanciar um do outro, mas afetos sinceros não se separam. Podem estar ausentes, não separados. Deixar que nossos afetos sigam sozinhos, sem nós, é algo que devemos entender. É o desapego. Ao desencarnarmos, ausentamo-nos do convívio de nossos entes queridos e, se não entendermos isso, consideraremos essa ausência como separação definitiva. Precisamos aprender a amar com desapego, ampliar o número de nossos afetos, sem a ilusão da posse. Se formos chamados a nos ausentar, pela desencarnação, continuemos a valorizá-los, respeitando-os, ajudando-os. Estaremos no caminho do desapego, mas continuaremos a amá-los da mesma forma."

Terminei de falar e lembrei-me de Luiz, de sua história, que poderia bem ilustrar o assunto. Convidei-o a falar de si para toda a classe. Sabendo que sua narrativa seria importante para todos nós, Luiz começou a falar:

– Minha vida transcorria com normalidade. Minha família e eu vivíamos numa propriedade rural, ganhávamos o pão com trabalho honesto. Apesar de muitas dificuldades, éramos felizes, aprendemos com nossos pais a confiar em Deus e a trabalhar. Estava só com cinquenta anos quando desencarnei. Quando me dei conta, sem saber quanto tempo havia passado, estava num ambiente agradável e fraterno. Passados uns dias, senti em meu interior uma preocupação com a minha família, e isso aumentava a cada instante.

"Quando o médico que nos atendia chegou para sua visita diária, externei minhas preocupações, que se transformavam numa grande angústia quase insuportável. Com muita atenção e carinho, ele me esclareceu que eu havia morrido, desencarnado, e que estava num posto de socorro, e o que sentia era percepção psíquica do estado mental por que passava minha família naquele momento difícil. Sentia daquele modo porque era como se vivesse cada um dos pensamentos e angústias da minha esposa companheira e de meus filhos. Explicou-me também que todo sentimento muito forte, em relação a uma ou mais pessoas, nos une mentalmente a elas, e que estamos ligados pelo amor ou pelo ódio. Eu estava ligado aos meus por afeto. Ensinou-me também que eu, no momento, não podia fazer nada por eles a não ser orar, pedindo a Deus que lhes concedesse paz, amor, harmonia e a aceitação do ocorrido, pois a morte de um ente querido é quase sempre muito dolorida. É um fato que acontece em todas as famílias, não por estarmos sendo punidos, mas sim por circunstâncias naturais do ciclo da vida. E, para que haja vida, é necessário o nascimento e a morte. Deveríamos aceitar o fato assim como ele é, e não como queríamos que fosse.

Aquele ensino dirigido a mim, com palavras tão carinhosas, não foi suficiente para aplacar minha angústia e minha preocupação, que aumentaram por saber que estava morto, desencarnado. Minha decepção e minha frustração eram terríveis, pois fui, durante toda a vida física, muito religioso e 'temente' a Deus. Obedecia sem questionar, como lei, a catequese de minha religião e acreditava nas palavras daquele que se dizia digno da possibilidade de doar bens divinos. 'E agora?', pensava, aflito. 'Estou morto e não estou no Céu, em paraíso nenhum! Não conheci Jesus Cristo!' Mas, ponderava a mim mesmo, era bem tratado num local muito limpo e com carinho. O enfermeiro de plantão, Antônio, do qual me tornei amigo, dava-me toda a assistência e nada me faltava. Mas tudo aquilo não foi suficiente para aplacar minha decepção e o desejo de estar junto dos meus.

Pensei muito, encontrei tudo muito diferente do que imaginava. Mas, se existisse Céu como acreditava, as pessoas que fossem para lá teriam, para ser felizes, que perder a individualidade. Porque, para mim, nenhum lugar seria um paraíso, separado dos meus. Achava que tudo o que tinha desfrutado, quando encarnado, era meu: casa, sítio e família. Os bens materiais, adquiri pelo trabalho honesto, mas eles não me importavam, ainda mais que os deixei para os que amava.

Chamei o enfermeiro e perguntei se poderia falar com o responsável por aquele hospital. Logo ele voltou com a resposta de que, como eu estava bem, iria ter alta no dia seguinte e nessa ocasião o diretor falaria comigo. Não consigo descrever como senti lento o tempo que esperei até o momento da minha liberação do hospital.

O que agravou ainda mais meu estado emocional foi o conflito de meus pensamentos, a preocupação com a família. Eu estava morto, não estava preparado para o mundo que encontrei. Não sabia onde estava, nem o que iria fazer nesta nova vida. Sentia os familiares em dificuldades e não tinha mais o corpo físico. Como ajudá-los?

Foi em meio a todo esse conflito e perguntas sem respostas que chegou Antônio, com roupas novas nas mãos, entregou-as a mim e pediu que me trocasse, pois o diretor do hospital estava à minha espera para a entrevista tão desejada.

Aquelas palavras caíram como bomba em cima de mim, pois até então eu estava sendo bem atendido. As minhas dificuldades eram somente os conflitos dos meus pensamentos. Depois dessa entrevista, seria liberado, e para onde iria? Iria fazer o quê? O que um morto faz? Onde realmente estava? Foi com uma sensação indescritível de desamparo que me pus a caminho com Antônio.

Mas qual não foi minha surpresa quando fui recebido pelo diretor. Se me sentia desamparado por Deus, ao ver aquela pessoa bondosa e atenciosa senti logo o amor que emanava dela. O sentimento do desamparo desaparecia à medida que conversávamos, chegando a ponto de não me sentir mais decepcionado por não ter me encontrado com Jesus Cristo, pois encontrava ali um representante Dele.

Com muito amor, o diretor foi me explicando tudo e delineando a minha recente maneira de viver, com a minha nova acomodação e afazeres. Passado um tempo, acostumei-me, assumi a nova vida e gostei muito do local em que vivia. Era deveras bom, lugar de muita harmonia e fraternidade. Mas continuava a sentir minha família em dificuldades.

Explicaram-me que, com o tempo, minha família se acomodaria com a nova situação. Com o passar do tempo, sentia minha companheira mais conformada com a falta, porém ela estava angustiada e o motivo não era a minha desencarnação, mas uma de minhas filhas.

Não estava suportando senti-los com dificuldades, comecei a ter remorso e este foi aumentando. Que esposo, que pai era eu? Enquanto eles sofriam, eu vivia num lugar extraordinariamente bom. Fui falar com meu superior e confessei minhas preocupações. Ouvi dele conselhos e explicações. Eu não tinha conhecimentos suficientes para ajudá-los. Mas, apesar de todas as recomendações, não mudei de atitude, achei que, se nada pudesse fazer por eles, iria sofrer junto. Não queria ter aquela vida maravilhosa e saber que eles sofriam. Queria ser solidário com eles: se chorassem, queria abraçá-los e chorar também; se eram perseguidos, que me perseguissem; se machucados, que eu sentisse a dor de suas feridas.

Pedi, insisti para voltar ao lar. Diante de minha resolução, meu superior autorizou a volta. Nossos desejos são sempre respeitados, quis voltar e o fiz. Apesar das explicações e recomendações, achei que estivesse preparado. Não estava. As dificuldades foram muito maiores do que esperava.[4]

---

4. É normal querermos ajudar os que amamos. Mas só ajudamos quando preparados, e esse preparo não tem tempo determinado. Dependendo de muitos fatores, é rápido para uns e demorado para outros. Podemos ajudar com conhecimentos e segurança quando os orientadores do local

Chegando em casa, deparei com dois mal-encarados desencarnados, perturbados de maldade. Ao me verem, perguntaram-me se viera ver os familiares sofrerem. Eles obsediavam uma de minhas filhas e estavam prejudicando, infernizando todos os meus entes queridos. Quis impor a minha autoridade, pois era o chefe daquela família, dono daquela propriedade. Quis expulsá-los, porém eles se recusaram a sair. Isso me levou a ficar nervoso e era o que eles precisavam para que eu me perturbasse, ao contato com a vibração do ambiente. Senti primeiro uma violenta dor de cabeça e logo em seguida uma agonia, como se tivesse desencarnado naquele instante. Perturbei-me por algum tempo, mas não sei precisar quanto, e esse meu estado só piorou a situação dos meus. Voltei ao equilíbrio numa reunião espírita, na qual me senti unido a uma pessoa, e havia outra conversando comigo, explicando-me que eu precisava de auxílio e que Deus, por meio de seus próprios filhos, estava me socorrendo.

'Preciso ajudar os meus', respondi.

'Para auxiliar é preciso saber', esclareceu o orientador encarnado dessa reunião. 'Não se preocupe, os seus também estão sendo ajudados, como também os agressores de sua família. Se não se quiser ter inimigos, é

---

que nos abriga nos julgam capazes. Mas, mesmo assim, nossa ajuda é limitada, pois cada qual tem a lição que lhe cabe fazer. (N.A.E.)

necessário torná-los amigos. Estamos providenciando para que isso seja um fato.'

Senti-me melhor, e o orientador me convidou:

'Amigo, queira o socorro oferecido, vá viver uma vida digna de um desencarnado. Será que é este o tipo de vida, vagando, que seus familiares querem para você?'

'Não', falei, 'eles me querem bem, pensam que estou no Céu e que sou feliz.'

'Por que você não faz o que eles querem? Por que não aprende a amar com desapego? O amigo não está esquecendo que eles são, como você, filhos de Deus? Se você foi chamado a viver de outro modo, é porque findou seu tempo como encarnado. E não é egoísmo a felicidade que vai desfrutar numa casa de auxílio no plano espiritual se a conseguiu por merecimento e afinidade. Faça o que tem que ser feito. No momento é viver num abrigo para desencarnados, estudar e trabalhar, sendo útil como foi quando encarnado. Vai, amigo, fazer o que lhe é devido. Não se envergonhe de ser feliz, porque, ao estarmos bem, irradiamos alegrias que beneficiam os outros.'

Mais tarde, já adaptado na colônia, é que vim a saber que minha outra filha namorava o filho de um senhor, dirigente de um centro espírita, e o rapaz, vendo o que acontecia em minha casa, pediu ajuda ao seu genitor e esse auxílio não se fez demorar. Fomos todos orientados naquela reunião, os dois que os atormentavam e eu. Com nosso afastamento, a situação melhorou muito. Minha esposa pensou ter alcançado uma graça que pedira a uma santa e a uma senhora desencarnada na cidade, tida como milagrosa, pois quando encarnada fora muito boa. Soube, mais tarde, que essa senhora não pôde na época ajudá--los. E eles nem ficaram sabendo que receberam tanto de desconhecidos de um centro espírita.

Hoje, estou bem, visito-os sempre e tento ajudá-los dentro dos meus limites. Uma família grande sempre tem problemas, mas não me desespero quando não tenho como auxiliá-los."

Luiz deu por finda sua narrativa, deixando-nos silenciosos. Talvez porque todos nós já tivéssemos passado por problemas parecidos e estivéssemos dispostos a aprender a amar sem apego.

Após a aula, meditei sobre o assunto. Muitos encarnados me têm pedido ajuda, talvez por achar que posso muito ou pelo que escrevi. Porém nada sou, pouco posso. Esforço-me para aprender, trabalho, almejo caminhar no bem, rumo ao progresso. Em virtude de minhas tarefas, não posso atender a esses pedidos, porém não ficam sem resposta. A personalidade não deve ser cultuada. Os bons atendem em nome da fé, da sinceridade, sem se importar de quem vem o pedido. Muitos, desconhecidos dos encarnados, mas ativos no plano espiritual, atendem a essas solicitações. São obreiros, samaritanos, humildes trabalhadores dos centros espíritas, desencarnados amigos e protetores dos que pedem. Fazem por amor, pelo prazer de servir.

Deve-se pedir a Deus, a Jesus, ao anjo protetor, que os bons desencarnados atendam e ajudem no possível.

Concluí meus pensamentos com a certeza de que amo muito e de que minha família aumenta, quero amar toda a humanidade. Mas tenho pelos meus imenso e infinito carinho, só que com desapego. Amo-os sem posse. É o que todos nós devemos fazer: amar com desapego.

6

Um pedido diferente

Ao sair da classe, fui informada de que havia uma visita que me aguardava no jardim em frente da escola. Ao aproximar-me do local, veio ao meu encontro uma moça extremamente agradável.

— Patrícia! Sou Elisa! Gostaria de conversar com você.

— Oi, Elisa, como está? Sentemos aqui.

Convidei-a e sentamos num banco embaixo de uma frondosa árvore. Minha recém-conhecida falou de modo delicado:

— Patrícia, vim lhe pedir uma ajuda muito especial. Na Casa do Escritor, me informaram que a acharia aqui. Antes, fui procurá-la num centro espírita, em que ouvi falar que você se manifestava. E lá me decepcionei, não era você.

Sorri, compreendendo.

– Elisa, isso tem ocorrido. Amo os centros espíritas e muito mais a Doutrina, que já abraçara encarnada. Após meus estudos de reconhecimento do plano espiritual, em que fui a alguns centros espíritas para conhecer e estudar, não tenho ido mais. Quando vou à Terra, apenas vejo meus familiares e, quando dá, visito somente o centro espírita que meus familiares frequentam para estar com eles e rever amigos. Isso porque optei por estudar e trabalhar com desencarnados em colônias.

– Achei que você estivesse ditando mensagens por outros médiuns – falou Elisa.

– Tudo o que faço e o que farei é com muito amor – repliquei. – Não é meu trabalho desenvolver médiuns, pois é tarefa que exige muito preparo e paciência. Também não tenho como incumbência ser protetora de ninguém, nem escrevo por outros médiuns, a não ser por minha tia Vera. Isso porque nós duas nos preparamos durante anos, quando estávamos desencarnadas para esse trabalho. Reencarnamos e tivemos, encarnadas, grande afinidade, conseguia transmitir a ela o que pensava.[5] Programando nosso trabalho, nós o executamos, esforçando-nos para que saia o melhor possível. Tenho recebido muitas manifestações de carinho por esses livros, e meu

---

5. Fato presenciado pelos familiares. (N.A.E.)

afeto por todos é sincero e profundo. Gostaria de estar perto de todos que desejam minha presença, mas é impossível, meu trabalho é nas colônias e não posso estar em muitos lugares ao mesmo tempo.[6]

– Você vai muito visitar seus pais? Comunica-se no centro espírita que eles frequentam?

– Estou com eles sempre que é possível.[7] Meus familiares e eu somos espíritos afins, unidos por um afeto puro e desinteressado. Nas reuniões que eles frequentam, não se valoriza o nome do comunicante, mas sim o bem que sua presença ou comunicação proporciona aos que estão presentes, sejam encarnados ou desencarnados. Quem organiza a parte espiritual é o nosso grande amigo Artur e seus colaboradores, que são uma quantidade enorme de "Josés", "Anas", "Joaquins", "Marias", "Antônios" e muitos outros nomes comuns esquecidos dos homens,

---

6. Eu, Patrícia, autora dos livros *Violetas na janela*, *Vivendo no mundo dos espíritos*, *A casa do escritor* e este, *O voo da gaivota*, afirmo que não me manifestei nem tenho me manifestado em nenhum lugar ou centro espírita nem por nenhum outro médium, seja pela psicografia ou pela psicofonia. Recomendo muita cautela a esse respeito. Para que entendam bem o processo, sugiro que leiam e meditem sobre o capítulo "O Engano" do livro *Histórias Maravilhosas da Espiritualidade*, de Antônio Carlos. (N.A.E.)

7. Agora que trabalhamos neste livro, como sempre com muito carinho, vou só nos horários certos para ditar à tia Vera. Continuo a estudar e a lecionar nas colônias de estudo. Por opção, volto à Terra só para este trabalho. (N.A.E.)

mas conhecidos de Deus. Meu pai nunca me invocou nem dei comunicação de forma espontânea. Reconheço que, nessas reuniões, sou aprendiz e que até meu pai, encarnado, sabe muito mais do que eu. E, quando lá vou, o faço para escutar e aprender. Mas você veio pedir ajuda. De que se trata?

– Sei que os trabalhadores da Colônia Casa do Escritor têm atendido, em seu nome, inúmeras pessoas. Sei também que ao pedirmos nem sempre seremos atendidos por aqueles a quem fizemos as rogativas, pois muitas vezes são outros espíritos que nos socorrem. Entretanto, me foi permitido vir até você. Moro na Colônia Perseverança, trabalho como enfermeira em um dos hospitais, mas estou de licença para cuidar de um assunto particular. Porém, analisando bem o problema que quero resolver, compreendi que não tenho como fazê-lo sozinha. Conversei com um socorrista do Umbral, e ele me informou que, para esse tipo de trabalho, seria aconselhável pedir ajuda a um centro espírita, a uma pessoa que possua preparo especializado para a tarefa. Ouvi, surpresa, ele me dizer que seu pai poderia me ajudar. Em vez de ir ao centro espírita onde ele trabalha, vim primeiro até você. Se me ajudar e interceder por mim perante eles, o grupo do qual seu pai faz parte certamente me ajudará.

– Com certeza – respondi rindo. – O que não fazem os pais pelos filhos? Você é esperta...

Achando que me devia mais explicações, Elisa continuou a falar:

– Fui, quando encarnada, muito doente. Logo que desencarnei, socorreram-me. Recuperei-me rápido e amei estar desencarnada e a colônia para onde fui levada. Era ainda jovem, vinte e três anos, e deixei na Terra meus pais e dois irmãos, que muito me amam e que me ajudaram muito com suas orações. Estava contente, estudava e trabalhava. Foi então que algo começou a me inquietar, sentia grande necessidade de recordar minha encarnação anterior, estava ligada a acontecimentos que, talvez, tivesse que solucionar, por isso sentia muita vontade de lembrar. Fui, então, procurar ajuda no departamento próprio e pedi para recordar meu passado. Estudando meu pedido, o pessoal especializado me atendeu e recordei. Compreendi que minha preocupação era com um espírito a quem sou muito ligada, inquietava-me por ele, só que não sabia onde estava e quis encontrá-lo. Após algumas pesquisas, tomei conhecimento de que Walter está desencarnado e em um local do Umbral. Sinto culpa por ele ter caído no erro e estou muito triste por ele estar lá.

Elisa enxugou algumas lágrimas, aquietando-se por alguns segundos; respeitei seu silêncio, aguardei, e logo ela continuou:

– Walter está no Umbral, numa fortaleza, e o chefe do local é muito perigoso.

– Ele pediu ajuda? – indaguei.

– Não, ele não tem condições para isso. Se tivesse pedido, um socorrista já o teria tirado de lá. Ele está muito iludido, completamente perturbado. Sofre, esquece-se do Pai Maior e julga-se também esquecido.

– Socorrer alguém sem que ele queira é difícil – falei.

– É por isso que venho pedir para você me ajudar. Se o tirarmos de lá e o levarmos ao centro espírita para receber orientação por uma incorporação, ele irá querer o socorro – disse Elisa, esperançosa.

– Elisa, por que Walter está perturbado?

– Resgate, Patrícia, mas também pelos tóxicos. Sei que é uma ajuda difícil. Drogados dão muito trabalho, ainda mais os que não querem socorro. Mas eu o amo tanto!

Seus olhos meigos encheram-se novamente de lágrimas. Sorri, animando-a, e pedi:

– Conte-me tudo.

– Sabendo onde Walter está, fui à colônia a que aquela região do Umbral está vinculada.[8] Pedi a eles

---

8. O Umbral é separado, para melhor haver socorro, por regiões que estão vinculadas a uma colônia. Ex.: uma cidade de encarnados tem seu Umbral, postos de socorro e colônia. As regiões, como as cidades do Umbral, têm nomes e essas designações são muito repetidas. (N.A.E.)

informações e para assistir por "vídeo"[9] para conhecer o lugar. Entristeci-me mais ainda. O local é horrível. Chama-se Túnel Negro, é numa construção e tem só um portão de entrada. O chefe desse lugar chama-se Natan e, juntamente com outros desencarnados afins, ou seja, um bando, faz experiências com os toxicômanos desencarnados que vão para lá. Muitos ali sofrem horrores. Indaguei aos instrutores como faria para libertá-lo daquele lugar, e eles me disseram que, num ambiente trevoso daquela espécie, seria necessário algum espírito ou espíritos que tivessem conhecimentos de como manipular forças primárias. E um encarnado o faria com mais facilidade, pois, apesar de os desencarnados serem bons, teriam suas limitações, já que não mais possuem vibrações primárias.[10] Também não bastaria só tirá-lo daquele lugar ruim, porque, liberto, não se poderia trazê-lo para um socorro que não quer, estando revoltado, abobalhado e perturbado

---

9. A palavra "vídeo" foi usada apenas como identificação para que o leitor tenha uma ideia aproximada do que é o aparelho. (N.A.E.)

10. Vibrações ou energias primárias são mais materiais, as quais espíritos ligados à matéria possuem e encarnados também, por terem o corpo físico. Espíritos bons e esclarecidos normalmente não as possuem, pois estão mais voltados para o plano espiritual, mas podem comandar os que as têm. Elisa se referiu a quem lhe deu informações, a ela e a mim, já contando com minha ajuda. Para auxiliar espíritos trevosos é necessário saber, e nós duas não havíamos aprendido. E quem manipula as forças primárias são os que já se libertaram dos condicionamentos do mundo físico e a natureza obedece às suas ordens. (N.A.E.)

como se encontra. Não poderia deixá-lo vagando no Umbral porque seria novamente enturmado com seus afins e talvez ficasse em condições piores ou caísse em outras armadilhas, que só lhe trariam sofrimentos, e poderia também vagar entre os encarnados, procurando seus afins, prejudicando-se mais. Para ajudá-lo a querer regenerar--se, aconselharam-me que teria que orientá-lo, fazendo com que entendesse que estava errado. Mas, no estado em que se encontra, não irá me escutar. Tendo o choque da incorporação, receberá do médium e dos orientadores, encarnados e desencarnados, que sustentam a reunião, o equilíbrio de energias psíquicas de que necessita. Receberá mais se o médium for equilibrado e compreenderá seu estado de desencarnado e, recebendo uma boa orientação, poderá querer o socorro; e assim eu o ajudarei.[11] Como vê, seu pai se encaixa bem na ajuda de que preciso.

Fez uma pausa e continuou:

– Walter desencarnou jovem, completamente dominado pelo tóxico. Foi assassinado após uma briga com outro companheiro de vício e está tão perturbado que nem sabe o que lhe aconteceu. Patrícia, você não pode pedir por mim esse favor a seu pai?

---

11. Para muitos desencarnados, chegar perto de um médium orientado no bem, receber seus fluidos, é como receber um choque que os faz despertar do seu torpor. (N.A.E.)

– O chefe não irá gostar se tirarmos Walter de lá – eu disse.

– É... Não irá gostar – respondeu Elisa, preocupada.

– Você e eu não podemos – expliquei –, não temos conhecimentos nem sabemos como enfrentar esse chefe e seus seguidores. Para enfrentar desencarnados trevosos, não basta ser bom, é preciso saber como manipular o elemento primário que compõe a estrutura física da Terra. Essa força é uma só, e os bons a usam para o bem; os maus, para dominar, destruir e se impor. Esse chefe possui tais conhecimentos, é inteligente, precisamos de alguém que o enfrente à altura. Vou levá-la até meu pai, certamente ele e seus companheiros desencarnados poderão ajudá-la. Meu pai, antes de reencarnar, trabalhou muitos anos como socorrista no Umbral e conhece a região umbralina muito bem. E agora, encarnado, ele vai muito lá prestar socorro, quando está desligado do corpo físico pelo sono. Com certeza irá conosco tirar seu amado do Túnel Negro. Como a equipe que trabalha no centro espírita também é laboriosa e dedicada, ela nos acompanhará, ajudando-nos nesse socorro.

– Patrícia, foi difícil para mim entender que um encarnado pode ajudar desencarnados que necessitam. Antes pensava que um encarnado só iria ajudar orientando no centro espírita em reuniões de desobsessão. Achava que só os desencarnados fossem ao Umbral.

— Claro que não — respondi. — Muitos desencarnados trabalham socorrendo e ajudando no Umbral. Como também muitos encarnados, desligados do corpo físico pelo sono, vão ao Umbral e às suas cidades para confabular com espíritos afins suas maldades, brigas, vinganças, e também vão muito às suas festas.

— Eles não têm medo? — perguntou Elisa, assustando-se.

— Não. Todos nós, não importa se estamos vivendo num corpo físico ou não, quando queremos e sabemos, somos muito úteis trabalhando em socorro no Umbral. Aqueles que sabem fazer devem fazê-lo, pois lá temos muitas oportunidades de praticar o bem. Quem sabe é porque aprendeu, e os conhecimentos são tesouros adquiridos. Não é certo pensar que só desencarnados têm como ajudar no campo espiritual. Muitos encarnados também podem e o fazem. Devemos pensar que os desencarnados que no momento ajudam com eficiência serão os encarnados de amanhã. E, dos que estão no plano físico, muitos foram os que socorreram com êxito anteriormente. Meu pai, nesta encarnação, é um homem comum, com todos os problemas de uma pessoa vinculada às necessidades da sociedade, mas também trabalha espiritualmente. Vai muito ao Umbral, embora seu tempo seja limitado pelo corpo físico. Ele é conhecido pelos maus, na região umbralina onde trabalha, como "feiticeiro". Talvez porque, durante centenas de anos, tenha trabalhado no Umbral, onde adquiriu muitos conhecimentos.

– Patrícia, Natan, o chefe do Túnel Negro, é rancoroso. Conosco ele não poderá fazer nada, estaremos fora do espaço de sua ira, mas, e seu pai? Certamente esse chefe do mal ficará sabendo que foi o sr. José Carlos quem nos ajudou. Estando seu pai encarnado, Natan poderá atingi-lo.

– Meu pai ama de forma especial esses desencarnados que temporariamente estão no caminho do mal. E, quanto mais espíritos trevosos o pressionam, mais ele se lembra do passado, aperfeiçoando-se pouco a pouco na forma de lidar e ajudá-los. Com ele trabalha uma equipe de desencarnados afins, que o ajudará. São todos companheiros de trabalho, tenho certeza de que a ajuda será bem maior do que você pensa.

Elisa sorriu, esperançosa. Tendo que voltar aos meus afazeres, despedimo-nos.

Nesse período em que trabalhei na Colônia Vida Nova, tinha muito tempo livre e fui com ela aventurar-me na ajuda, que, para mim, foi um trabalho diferente.

No horário marcado, encontrei-me com Elisa e volitamos até meu lar terreno. Lar é sempre o lugar onde somos amados, e eu sou muito amada. Ali era minha ex-casa terrena, mas será sempre o meu lar. Na sala, chamei por meu pai, e ele, desprendido do corpo carnal, veio ao meu encontro.

– Papai...

– Patrícia, minha filha!

Abraçamo-nos. E, vendo que tínhamos visita, sorriu cumprimentando-a.

– Papai, esta é Elisa. Necessita de sua ajuda.

– Sim...

Contei-lhe tudo.

– Vou ajudá-la. Patrícia, procure saber de todos os detalhes sobre esse lugar e, amanhã à noite, iremos lá para que possamos planejar como libertar Walter. Agora, necessito continuar um trabalho...

– Amanhã mesmo traremos Walter? – perguntou Elisa.

– Não – respondeu meu pai. – Amanhã conhecerei o local e prepararei o posto de socorro que temos no centro espírita para receber os que traremos do Túnel Negro, como também me comunicarei com meus companheiros desencarnados que trabalham conosco para que eles também venham nos ajudar.

– Mas não vamos socorrer um só, o Walter? – Elisa perguntou novamente.

– Como ir lá e libertar um só? – disse meu pai. – E os outros? Como deixá-los? Se vamos socorrer, traremos todos os que querem ser libertados daquele lugar e os que estão, como Walter, incapacitados de decidir.

– Elisa – eu disse –, quando temos ocasião de socorrer, devemos sempre fazê-lo, tanto com os que sofrem como com os que se perderam no caminho do erro.

– Sr. José Carlos – Elisa falou novamente com sinceridade –, Natan, o chefe, é mau e...

– Mas é nosso irmão – respondeu meu pai. – Amanhã estejam aqui neste horário.

Despedimo-nos de meu pai. Na colônia, despedi-me de Elisa, pois tinha uma reunião na escola. Combinamos nos encontrar logo de manhã para irmos ao Umbral. Iríamos às proximidades do Túnel Negro para obter informações e conhecer o local.

– Ainda bem que vamos durante o dia! – exclamou Elisa.

– É – respondi rindo –, mas à noite voltaremos.

Fui à reunião, na qual os instrutores do curso trocaram ideias sobre o resultado obtido. Essas trocas de informação são muito úteis, os instrutores aproveitam muito. Depois, fui até o orientador-geral da Colônia Vida Nova, onde estava temporariamente trabalhando, e pedi autorização para fazer um outro trabalho nos horários que tinha de folga, o que foi prontamente autorizado. Esse outro trabalho seria a ajuda prometida a Elisa. O orientador-geral, do qual falei, é o responsável pela colônia. É chamado de muitos outros nomes, tais como: governador, instrutor etc. Trabalhando por pouco tempo ou por períodos indeterminados em um lugar, deve-se seguir as normas da casa, e tudo o que for fazer, além do programado, deve ser comunicado ou deve-se pedir permissão.

No dia seguinte, encontrei-me com Elisa e partimos para a interessante tarefa.

7

O mandante do crime

Como havíamos combinado, pela manhã, Elisa e eu fomos ao redor do Túnel Negro. O local que iríamos observar ficava num vale enorme e muito sujo. Nós duas conhecíamos o Umbral, pois tínhamos ido lá em época de estudo e para alguns trabalhos. Mas sempre temos algo para conhecer todas as vezes que vamos a uma das suas áreas. A zona umbralina difere muito de uma região para outra. E nunca havíamos estado naquela localidade. Elisa, como já tinha estado ali, me guiou. Nenhum desencarnado que tenha algum conhecimento do plano espiritual se perde no Umbral. Pode não achar o que procura e, se por acaso acontecer de não saber onde está, é só pensar na casa em que trabalha, a que está vinculado, para receber ajuda de um socorrista ou entrar em sintonia com ela e, em instantes, acha o caminho de volta. Pode também receber orientação do local em que se encontra.

Como era dia, o local tinha claridade, embora escassa, como um entardecer na Terra. Naquela região há muitas pedras com mais ou menos um a dois metros de diâmetro, a maioria cinza-escuro. O lugar tinha pouca vegetação, com algumas árvores pequenas e tortas pelo vento forte que costuma varrer o lugar. Alguns filetes d'água corriam pelo chão, de cor marrom e, às vezes, era somente barro.

Logo que chegamos às proximidades do Túnel Negro, vimos ao longe uma grande e sólida construção. Não encontramos nenhum desencarnado por perto, por ali não vagava ninguém. Isso era mau sinal, significava que o local era temido; de lugares assim, sofredores e moradores que não pertencem ao bando nem passam perto.

O Túnel Negro está localizado no Umbral, na parte fácil de visitar, ou seja, no local mais ameno. Muitos dos socorristas, para se locomoverem melhor pela região umbralina e terem facilitados seus trabalhos, classificam-no de três modos: lugares amenos, medianos e profundos, de difícil acesso, onde estão os abismos, os buracos e onde existem quase só trevas. Nós nos acautelamos. Tudo estava muito silencioso, embora, às vezes, ouvíssemos gritos alucinantes ou gargalhadas perturbadoras. Não posso deixar de pensar que, se quando encarnada visse o Umbral, pensaria estar vivendo um filme de extremo horror. Entretanto, é uma das moradas de meu Pai e onde tantos irmãos fizeram moradia. Alguns ali sofrem, outros reinam, existem aqueles que de lá gostam; estes se iludem, pois são todos infelizes. A criatura só pode ser infeliz quando se distancia do seu Criador.

Uma trilha, um caminho, ligava o Túnel Negro a uma cidade dos encarnados. Era de terra batida, contornando as pedras maiores. Íamos em ziguezague.

Qualquer um no Umbral nos veria, por vibrarmos diferente, mas, se quiséssemos, não seríamos vistas. Os socorristas, quando trabalham na zona umbralina, se tornam visíveis aos seus moradores, porque, sendo vistos, podem ser solicitados, facilitando os socorros. E, em visitas ao Umbral, temos sempre muitas oportunidades de ajudar e aprender.

De repente, ouvimos vozes e, para melhor observar o grupo que passava, ficamos atrás de uma pedra maior perto da trilha. Como eles estavam distraídos, não nos viram. Não queríamos que percebessem nossa presença. O bando passou pela trilha, eram seis, todos de aspecto ruim, armados, com roupas de couro e de tecido grosso e alguns enfeitados com colares. As mulheres estavam muito maquiadas. Gargalhavam e falavam alto. Passavam rumo à cidade dos encarnados.

Bem perto de nós, dois deles, um casal, distanciaram-se do grupo, pararam para conversar. E nós os escutamos confabular:

– Nenê – disse o homem –, vamos ver se o garoto toma a primeira dose. Você sabe que é importante para mim vingar-me do pai dele. Orgulhoso, arrogante, sentirá, vendo o único filho homem viciar-se e se tornar um nada, um inútil como a maioria dos viciados.

– Você não gosta mesmo de viciados – falou, rindo, a mulher.

– São uns fracos, uns bobos! – replicou ele. – Preste atenção, você tem que fazer com que alguma das mocinhas viciadas se aproxime do garoto e o namore. E daí, apaixonado, ele estará a um passo de se drogar.

– O garoto ora muito e não se afina com as meninas que se drogam. Está sendo difícil...

– Não se queixe, trabalhe – disse ele, autoritário. – Fiz um grande favor a você e me deve este.

– Estou tentando...

Foram embora. Elisa não pôde deixar de comentar:

– Será que irão conseguir? Tomara que não!

– Como ela disse, é difícil forçar alguém que não se afina com as drogas a usá-las – respondi. – E, se o garoto costuma orar, acredito que não irão conseguir. Os encarnados devem estar sempre atentos a todas as tentações e seguir sempre o bom caminho, que é seguro e não traz o arrependimento que nos machuca tanto.

– É certo ele se vingar de alguém querendo atingir seu filho? – indagou Elisa.

– Vingança nenhuma é certa ou justa. O melhor é sermos sempre bons e ficarmos longe do alcance destes desencarnados, que ainda querem vingança. E, como vimos, não será fácil eles se vingarem daquele indivíduo atingindo o filho. Mas, se o filho se afinasse com as drogas, não precisaria nem de incentivos. Depois, quem ora com sinceridade tem sempre alguém bom a ajudá-lo e protegê-lo.

– Uá... á... – gritou alguém, com voz soturna, atrás de nós.

Elisa e eu nos voltamos calmamente e ouvimos outro grito:

– Ai!...

Defrontamo-nos com um desencarnado todo sujo, com os cabelos espetados e com as roupas em farrapos.

– Satanás três vezes! – disse ele, repetindo a frase depressa. – Que susto! Quis assustar, e vocês me assustaram. Vocês são horrorosas! Moças, estou só brincando, não me peguem.

Estava realmente assustado. Elisa me indagou:

– Patrícia, o que está acontecendo?

– Acho que ele tem o costume de assustar pelo Umbral.

– É isso aí! – falou-nos, olhando com medo. – Sou o rei dos sustos. Hoje me dei mal...

– Assustou-se conosco? – perguntou Elisa.

– Como não? É difícil ver duas senhoras assim...

Pensou em dizer "feias", mas não disse. Saiu correndo. Rimos. Elisa comentou:

– Quem assusta, um dia acaba assustado.

– Ele se confundiu – falei. – Vendo-nos, achou que tinha tudo para passar um belo susto. Conversávamos distraídas atrás da pedra e, ao nos ver de perto, ele se decepcionou. Normalmente, brincalhões não costumam brincar com socorristas, temem-nos por não querer, no momento, sair de onde estão e sabem que eles podem pôr fim às suas brincadeiras de mau gosto. Confuso, assustou-se.

Saímos de trás da pedra e voltamos à trilha, logo chegamos às proximidades do Túnel Negro. Escondemo-nos perto e ficamos observando. Não demorou muito e dois sujeitos esquisitos, parecidos com os do grupo que tínhamos visto, entraram na fortaleza sem problemas. Aproximamo-nos atentas, precavendo-nos, estávamos observando e não queríamos alertá-los. Porém, se algo saísse errado, eles não nos pegariam; temos alguns recursos para nos sair bem nessas situações, como nos tornar invisíveis, volitar rápido e alguns outros que não devem ser mencionados no momento para que não venham a ser do conhecimento de desencarnados moradores do Umbral.

Ficamos perto do muro. O Túnel Negro é todo cercado por esse muro largo, muito alto, de talvez uns 20 metros de altura. Ele é marrom-escuro. A fortaleza só tem um portão e, na frente dele, havia dois vigias, mas pelo que vimos não estavam atentos, conversavam e, às vezes, entravam. Conseguimos ver que logo após o portão havia uma sala onde uma mulher, atendente, dava informações e recebia a todos que chegavam.

Não fomos lá para entrar, cautelosamente observamos tudo. Deu também para ver que no meio da construção havia uma torre bem alta, certamente o local de observação.

O movimento era bem pequeno, talvez pelo horário e também porque o Túnel Negro não é um local de muitas visitas, é mais restrito aos moradores e viciados.

Depois de termos visto tudo o que nos interessava, saímos sem sermos notadas. Não voltamos pela trilha, íamos perto dela, a alguns metros ao lado.

– Patrícia – falou Elisa –, vai ser difícil!

– Que nada, ânimo! Tiraremos Walter de lá.

Foi quando escutamos:

– Ei, sua branquela! Ei, neguinha! Podem me ajudar?

– Quê? – Elisa indagou.

– Por favor – corrigiu a voz –, as senhoras podem me ajudar?

No Umbral, escutam-se muitas coisas desagradáveis, e, às vezes, obscenas, para as quais não se deve dar importância. Era uma voz que nos parecia de alguém que sofria, que fez minha companheira responder. Voltamos para o local de onde vinha a voz e deparamos com um homem sentado no chão.

– O senhor está nos pedindo ajuda? – indaguei.

– Queiram me desculpar, pensei que não iam me ouvir ou atender.

– Está desculpado – disse Elisa. – Mas o que quer?

– São espíritos bons? Pela aparência e roupas só podem ser. Estou preso aqui e quero sair.

Nós o examinamos. Era um homem de uns sessenta anos, devia ter essa idade quando desencarnou. Estava sujo, descabelado, machucado. Permanecia sentado, porque estava acorrentado pela perna direita a uma estaca no solo.

Seria para nós bem fácil libertá-lo, pois a corrente, como tudo o que existe no plano espiritual, é do mesmo material do qual o nosso perispírito é composto. Poderíamos arrebentar a corrente com nossa força mental, porém devemos analisar sempre antes de fazer uma ajuda desse tipo, porque não basta só libertar, temos de prestar atenção para não prejudicar mais ainda o desencarnado preso. Se o libertássemos, para onde iria? Que faria? Seria aprisionado novamente? Nesse caso, seria pior, ele sofreria mais ainda.

– Quem o prendeu? – Elisa indagou.

Olhei-o fixamente e convidei-o mentalmente a não mentir. Se o fizesse, eu saberia, como também, lendo seus pensamentos, perceberia a verdade. Fazemos isso facilmente com desencarnados fracos e com os que sofrem. Com os moradores do Umbral, com os que são maus e fortes, é bem mais difícil. Para fazer isso com desencarnados trevosos tem que se treinar muito e saber usar bem essa habilidade.

O homem nos olhou bem, suspirou, enxugou algumas lágrimas e respondeu:

– Meu genro, ou melhor, meu ex-genro... Quando encarnado, fomos sogro e genro... Chamo-me Jacy e estou há tempos preso aqui.

– Não sai para nada? – perguntou Elisa.

– Não, meu genro vem sempre aqui, ora me bate, ora me traz o que comer e água. Ele é violento e mau.

– Por que ele o prendeu? – indaguei.

– É uma longa história. Soltem-me e vamos para um lugar seguro que conto a vocês.

Elisa me olhou e me disse mentalmente:

"Vamos libertá-lo e, se não pudermos socorrê-lo, o deixaremos em outra área do Umbral. Por favor, Patrícia!", rogou, vendo que eu hesitava.

– Vamos soltá-lo – concordei.

Arrebentamos facilmente a corrente. A perna dele estava inchada, ajudamo-lo a ficar de pé, mas ele gemia de dor. Apoiou-se em nós, e retornamos à trilha rumo à cidade dos encarnados. Logo chegamos e nos sentamos na relva, num terreno vago, e Jacy, como prometera, contou sua história.

— Encarnado, fui um homem rico, não milionário, mas tinha muitas posses. Tinha cinco filhos, e uma das minhas filhas foi casada com esse genro que me prendeu. Ele tratava muito mal minha menina, batia nela e tinha muitas amantes, gastava tudo o que possuía. Querendo ficar livre de tal peste, mandei matá-lo, paguei bem caro a um assassino, que o matou com um tiro. Ninguém descobriu, nem ficou sabendo que eu fora o mandante. Mas ele, depois de desencarnar, ficou sabendo e esperou que eu também desencarnasse para me maltratar. Já lhe pedi perdão, mas ele não me perdoa...

— Pediu de coração? — Elisa indagou.

— Sim, mas logo que desencarnei sentia que, se voltasse ao passado, mandaria fazer tudo novamente. Depois, com o tempo, lá sozinho e preso, fiquei a pensar e entendi que estava errado. Não tinha o direito de tirar a vida física de ninguém.

— De fato, Jacy, não temos o direito de cortar a existência, num corpo físico, de ninguém. Agora você está livre, e o convido para se voltar ao bem, pedir perdão a Deus e recomeçar a vida, fazendo o bem a si mesmo e a outros irmãos. Aceita?

— Vamos levá-lo a um lugar onde será hospitalizado e sarará de todos os seus machucados – falou Elisa delicadamente.

— Esse lugar é bonito? – perguntou ele. – Ouvi dizer que onde os bons moram é fantástico.

— Sim – repliquei –, é maravilhoso para aqueles que querem mudar, mas desinteressante para quem cultiva os prazeres materiais. Você irá para um posto de socorro aqui perto.

— Obrigado – falou com sinceridade.

Nós o levamos para um posto de socorro da região, localizado perto do Umbral. Tocamos a campainha, apesar de esses postos de socorro terem sempre vigias e locais de observação, podendo-se ver quem se aproxima e, pelas vibrações, saber também quem é. Os portões dos postos normalmente são trancados, mas poderiam, só pela vibração, ser abertos, não se necessitando bater ou tocar a sineta que existe em alguns. Mas esse bater é costume no plano espiritual. Parado no portão ou porta, o visitante é mais bem observado. Em muitos postos, quando o portão é aberto, defrontamo-nos com um *hall*, ou sala, onde são normalmente atendidos quem os visitam. Em casos de emergência, quem está para chegar a essas casas de auxílio pede mentalmente, e o portão se abre ao se estar perto. Como também, em alguns casos, os trabalhadores da casa vão encontrar-se com quem pede ajuda para auxiliar. Esse bater é mais uma forma educada de visitar uma casa.

O portão foi aberto e fomos convidados a entrar. Explicamos para a senhora que nos atendeu o porquê de nossa presença e pedimos abrigo para Jacy. Fomos prontamente atendidas e, já no pátio, Jacy nos indagou:

— Vocês não iam me levar para um lugar lindo? Aqui é tão simples!

Entendi-o. Lugares bonitos se diferenciam pelo gosto. Para muitos, lugares lindos são de luxo e ostentação. Para outros, os que se afinam com a simplicidade, a maior beleza é a vibração de harmonia emitida por seus sustentadores. Para Elisa e eu, o posto é muito bonito, com canteiros floridos a enfeitar o pátio. Árvores arredondadas de um verde muito agradável estão entre os canteiros e bancos rústicos convidam as pessoas a se sentar. O prédio, em formato de "U", de três andares, é majestoso e tem janelas grandes, e em quase todas há flores no beiral.

— O quê?! – falou Elisa, espantada. – Não acha aqui bonito?

— Pensei que fosse diferente – respondeu Jacy.

Deixamos Jacy acomodado numa enfermaria e voltamos aos nossos afazeres. Dias depois, fomos visitá-lo e nos informaram que Jacy saiu sem licença e foi para sua ex-casa terrena. Agradecemos e partimos.

— Patrícia, vamos procurar Jacy?

— Elisa, ele fez sua escolha.

— Vamos ver o que ele está fazendo. Talvez esteja precisando de ajuda. E se o genro o pegou novamente?

— Está bem, vamos – respondi.

Foi fácil achá-lo. Quando ele nos contou sua história, deu todos os detalhes e até mostrou a casa onde morou. Nós o encontramos triste, a chorar na sala de sua ex-casa terrestre. Ali tinha sido sua casa, mas não um lar. Lar é união de moradores com afeto. Lar, para nós, desencarnados, é todo lugar onde somos amados. Ao nos ver, chorou mais alto. Ele sofria realmente.

— Sou tão infeliz! Saí daquele lugar de luz e paz e vim para casa. Só encontrei erros e problemas.

— E por que saiu? – quis saber Elisa.

— Quis vê-los, tinha saudades.

— Deveria ter esperado. Quando pudesse, teria permissão para vê-los – falou minha amiga.

— E agora, o que faço? Tenho medo! Quero voltar e não sei. Será que vocês não me levariam de volta? Por favor, ajudem-me de novo! Sei que não mereço, sou um mandante de crime. Mas vocês são tão boazinhas!

– Podemos levá-lo – disse séria –, mas se prometer que será obediente, comportado, e, logo que possível, deverá passar de servido a servidor. E tem mais: ser agradecido.

– Prometo fazer isso tudo.

Levamo-lo de volta.

Como é triste cometer erros e ter a consciência a nos cobrar, quando não, são os que prejudicamos a fazê-lo. Consciência tranquila e sem erros é nossa tranquilidade, porque a dor do remorso é terrível. Quem faz o mal é insensato.

Vendo-me pensativa, Elisa disse:

– Patrícia, é para alertar as pessoas que você estuda tanto e deseja ensinar?

– É, por isso e por muitas outras coisas também. Porque, Elisa, aquele que sabe tem mais chances de acertar. Conhecer é fazer com sabedoria. Somos livres por tudo o que sabemos e escravos do que não sabemos. Não devemos compactuar com o erro, mas amar a presença de Deus no pecador. Esclarecendo, educando, enfraquecemos o erro e fortalecemos no bem os que erram.

– Patrícia, admiro você!

Sorrimos. Viver tentando acertar é maravilhoso.

8

Túnel negro

Na noite seguinte, fomos, Elisa e eu, encontrar com meu pai. Minha amiga foi logo lhe passando os dados do Túnel Negro, com informações que obteve no posto de socorro do Umbral nas imediações do local onde Walter estava.

– Obtive os dados com o orientador do Posto de Socorro Caminheiros de Jesus – explicou Elisa.

Colônias ou postos de auxílio têm quase sempre a previsão exata de quantos desencarnados vagam pelo Umbral e de quantos moradores existem em suas cidades umbralinas, isso no seu espaço espiritual. É para facilitar socorros e orientar socorristas. Assim, tínhamos nas mãos um mapa do local, com as medidas de todos os compartimentos do Túnel Negro. Seu chefe era mesmo o Natan. Estavam anotados quantos colaboradores ele tinha, quantos escravos e abrigados, como também todos os detalhes

113

importantes da fortaleza por dentro. Meu pai leu todos os dados e entregou a folha a Elisa. E nos convidou:

— Vamos!

Volitamos até o Umbral, depois fomos andando. Observamos tudo. Perto do Túnel, paramos e examinamos bem o local. Ficamos ali poucos minutos e voltamos.

— Amanhã voltaremos — disse meu pai —, só que um pouco mais tarde, e de lá tiraremos os que quiserem sair. Agora, vou ao posto, no centro espírita, para organizar tudo.

Estávamos caminhando, Elisa e eu mais próximas, e meu pai a uns dois metros de distância, quando ouvimos:

— Café com leite! Uma branca, outra negra! Leite com café!

O desencarnado que falou riu alto, gostando do que dizia. Elisa o observou e dirigiu-se a meu pai.

— Sr. José Carlos, por que tanto preconceito? Ontem mesmo, por aqui, nos chamaram de "branquela" e "negrinha".

— Muitos ainda dão valor ao exterior de tudo, até das pessoas. Preconceito racial tem sido a causa de muitas desavenças terrenas. Longe estão de entender o que a pessoa é realmente, vendo somente o exterior, criticam tentando ofender. Esse indivíduo quis ofender tanto uma como a outra. Tivemos e teremos com certeza muitas existências, pertencendo a muitas raças. A cor da pele muda conforme nossa necessidade de aprendizado, ou por reencarnarmos em determinado local da nossa Terra. Podemos ter sido, ou poderemos ser, vermelhos, amarelos, negros e brancos. Aqui no Umbral também há preconceitos, e muitos. Existirão preconceitos até que entendam que é temporário a pessoa "vestir" um corpo branco ou amarelo. Nosso espírito é e será o mesmo. Devemos tirar lições dos diferentes modos de ser externamente para nosso aprendizado e progresso.

Meu pai fez pequena pausa e concluiu:

– Muitos têm medo de olhar para dentro de si mesmos, pois ali só irão encontrar inferioridade e o grande vazio do nada. Pois, sem a comunhão com a vida, quase sempre o preconceito racial vem à tona. Por isso, não gostam de olhar aqueles que julgam ser melhores que eles, pois, ao vê-los, confirmam sua própria pobreza. Eis a razão da maledicência. Ao denegrir a imagem do próximo, sentem-se melhores que os alvos de suas críticas. Ainda não conseguem ver, sentir todos como irmãos.

– Eu, se quisesse – disse Elisa –, poderia, agora que revisto um corpo perispiritual, ser diferente. Modificá-lo e ser branca ou com feições orientais, mas a cor não me faz diferença. Amo todas as raças e sou agora como fui em minha última encarnação.

– Para os que compreendem, o exterior não faz diferença – disse, rindo, meu pai. – Uma de minhas encarnações que recordo com carinho foi na Índia, em que fui bem escuro, quase negro.

Pensei: já recordei muitas de minhas existências. Também já vesti um corpo físico negro e isso não me fez diferença, pois tive nessa encarnação alegrias, tristezas e problemas comuns de encarnada, como em todas as outras encarnações. Amei ser negra! Meu pai tem razão, tudo é temporário, tudo passa e nós ficamos com o proveito que obtemos cada vez que revestimos um corpo físico.

Despedimo-nos. Cada um voltou aos seus afazeres. Eu voltei à Colônia Vida Nova, Elisa, ao hospital da Colônia Perseverança e meu pai, ao posto do centro espírita. No outro dia, nos encontramos com um grupo de vinte desencarnados, trabalhadores da equipe do centro espírita, que acompanhavam meu pai. Conhecia quase todos. Cumprimentamo-nos alegres e rumamos para o Túnel Negro. Sabíamos que Natan estava sempre ausente à noite, ia com frequência para perto dos viciados encarnados. Dizia que pesquisava o efeito das drogas nos corpos físicos. Saía com seus colaboradores diretos.

Logo chegamos. Íamos entrar meu pai, Elisa e eu, além de cinco da equipe, o resto nos esperaria perto. O Túnel Negro por fora se parecia mais com um castelo, desses antigos, europeus, de cor cinza e com algumas janelas pequenas. Natan não confinava seus moradores. Ali eles entravam e saíam quando queriam. Havia prisões, mas só para os que o desobedeciam. Mesmo os que ali estavam, e que eram usados para experiências, entravam conscientes do que ia acontecer, e muitos viciados procuravam o Túnel Negro em busca de drogas para uso próprio. É claro que, para conseguir o que desejavam, tinham que se submeter às regras da casa.

A entrada do "hospital", assim eles gostavam de chamar o lugar, era vigiada. Natan não admitia falhas, e seus ajudantes o temiam. Os drogados desencarnados e também os encarnados desprendidos pelo sono físico entravam ali facilmente. Muitos encarnados transitam pelo Umbral: trabalhadores do bem, para ajudar, outros à procura de seus objetos de prazer. Os encarnados viciados são bem-vindos em muitos lugares parecidos com o Túnel Negro, isso porque lá recebem incentivos para continuar no vício e também orientação para viciar outros. São instruídos para continuar no erro e fazer o que eles querem. Pensam, esses encarnados, que eles são amigos e acabam como fantoches nas mãos deles. Os drogados vão sempre ao Túnel Negro em busca das sensações que o tóxico lhes proporciona, e Natan, por aquela área do Umbral, tinha fama de alimentá-los com o objeto de seus desejos.

Ficamos rentes à parede externa, perto da porta da frente. Os guardas estavam, no momento, do outro lado. Meu pai, representando um viciado, entrou na saleta como se procurasse drogas. Veio atendê-lo uma enfermeira, ou atendente, uma desencarnada que anotava tudo o que se passava por ali. Acostumada a receber encarnados, atendeu-o normalmente sem desconfiar de nada.

– Quero falar com o dr. Natan – disse meu pai.

– Ele não está no momento – respondeu a mulher.

– Chame-o para mim – insistiu papai.

– Não posso importuná-lo e não sei onde ele está. Você vai ter que aguardar.

– Vá chamá-lo, moça – falou meu pai –, trouxe um material que há tempos ele procura.

A mulher virou-se e entrou por uma porta, indo à outra sala. Rapidamente papai nos deu sinal para entrar. Passamos da sala para um corredor e por muitas outras salas ou cômodos. Ali não havia enfeites como costumamos ver nas cidades umbralinas. Existiam muitos corredores e, para iluminar a casa por dentro, havia archotes nas paredes. Havia também alguns quadros com desenhos alucinantes, que tiravam a monotonia do cinza de suas paredes. Vi poucas cadeiras, ali parecia só haver o essencial. Como comentamos, após a casa havia área de lazer e acomodações particulares de seus moradores, eram cômodos parecidos uns com os outros. As prisões eram celas pequenas e individuais.

Até que entramos numa grande sala e nos separamos; meu pai entrou no laboratório, olhou tudo sem mexer em nada. Este era bem equipado, demonstrando que Natan e sua equipe eram estudiosos. As salas em que entramos eram chamadas de "enfermarias". Sabíamos que numa delas estava Walter. Aquelas enfermarias em nada lembravam as da colônia de socorro, ou mesmo as que existem em hospitais terrenos. Ficavam perto do laboratório. Tomados de assalto, os guardas que estavam dentro da casa não reagiram, foram imobilizados pela força mental de nossos amigos.

Quando entramos na enfermaria, a visão que tivemos foi tão patética quanto horripilante. Não havia leitos, só uma espécie de cabides nas paredes e com vários desencarnados como que dependurados, como se fossem roupas velhas. Elisa e eu ficamos abobalhadas diante de tão triste visão. Minha amiga sufocou um grito quando viu Walter entre eles... Correu ao encontro dele, tirou-o de lá e ele caiu em seus braços. Meu pai veio até nós e, em fração de segundos, foi tirando todos e colocando-os diante da porta para que nós duas os encaminhássemos à saída. Não conseguíamos movê-los. Apavorada, indaguei a meu pai:

– Que faço?

– Empurre-os!

No corredor havia carrinhos, talvez para transportá-los. Colocamos todos dentro, pois não conseguiam andar, e os levamos para fora. Quando passamos pela saleta da entrada, um alarme tocou forte e estridente, parecendo uma buzina alta. A fortaleza foi vasculhada por nós, e todos os que quiseram sair foram tirados de lá. Fizemos um cordão dando as mãos e fomos empurrando até o vale, perto do Túnel Negro, onde os outros da equipe nos esperavam. Alguns dos desencarnados que estavam presos foram amparados. O castigo era ficar sem o hipnotismo; achando-se privados da droga, estavam desesperados. Tínhamos pressa, os guardas imobilizados logo voltariam ao normal. Eles poderiam vir atrás de nós ou chamar por Natan, não queríamos um confronto agora com o chefe. Desejávamos socorrer todos os que queriam ajuda. Os socorridos estavam assustados, alguns não sabiam direito o que estava acontecendo, olhavam-nos com medo. Meu genitor falou para eles:

– Aqui estamos em nome de Jesus para ajudar os que querem. Levaremos vocês a um local de socorro, onde serão tratados com bondade e curados de seus males. Os viciados receberão tratamento especial e ajuda para se livrar do vício. Estamos convidando todos a nos acompanhar, tiramos vocês de lá, mas levaremos só os que querem ir. Vamos prosseguir. Os que não quiserem ir conosco podem voltar. Levaremos os que não estão em condições de decidir.

Muitos voltaram, inclusive alguns que estavam presos. Trinta desencarnados ficaram conosco, e fomos para o posto do centro espírita. Já nos esperava a equipe médica, com os enfermeiros, e nos pusemos a trabalhar. Seriam feitos os primeiros socorros em muitos deles. Walter e seus companheiros, que estavam dependurados, permaneciam inconscientes. Estavam completamente dependentes das sensações das drogas administradas pelo hipnotismo de Natan.

Desencarnados viciados iam ao Túnel Negro em busca das drogas, mas Natan hipnotizava-os, fazendo-os sentir como se estivessem desfrutando o objeto do seu desejo, fosse maconha, cocaína, heroína etc. Hipnotizados, esses imprudentes desencarnados serviam para as experiências desse médico, que lhes sugava os fluidos vitais para si e seus companheiros. Os viciados pensavam que tomavam as drogas, como também todos os que vagavam por ali. Julgavam que lá havia tóxicos. Natan não tinha nenhuma droga no Túnel Negro. E suas experiências eram cruéis.

Os desencarnados se alucinam e se degeneram muito mais com tóxicos que os encarnados. Deformam seu perispírito, e é muito triste vê-los. Todos estavam muito magros, pálidos, sem energias psíquicas, abobalhados e com o pensamento fixo nas drogas. Walter era louro, de cabelos curtos, olhos fundos e vidrados, lábios roxos. Elisa o reconheceu mais por senti-lo do que visualmente. Isso acontece muito no plano espiritual, uma pessoa sabe, sente quem é a outra, a quem reconhece, já que o perispírito muda muito.

Todos os inconscientes e semi-inconscientes foram medicados e colocados nos leitos. Os outros também tiveram os primeiros cuidados. Alguns dos colaboradores que serviam a Natan ali estavam desconfiados. Eles não eram viciados. Trocaram de roupa e ficaram conversando com os trabalhadores desencarnados do centro espírita, que, gentilmente, elucidaram suas dúvidas.

Meu pai trabalhou ajudando por duas horas e, depois, voltou ao corpo físico. Muitos dos socorridos que não necessitavam passar por uma incorporação foram levados do posto. Os viciados conscientes foram encaminhados para hospitais no plano espiritual próprios para eles. Alguns foram para suas colônias de origem. Os servidores de Natan que pediram ajuda foram levados para a colônia na Escola de Regeneração para adaptarem-se à nova vida que lhes fora oferecida. Ficaram no posto do centro espírita só os que precisavam passar por uma incorporação. Esses teriam a consciência retomada e, pela transfusão psíquica, poderiam escolher se queriam ou não a ajuda oferecida. Muitos desses desencarnados estavam com o perispírito deformado pelo vício, pelos castigos e pelas experiências.

Os socorridos foram levados rapidamente para as colônias por dois motivos: para começar imediatamente o tratamento de que necessitavam e iniciar o aprendizado que os libertaria daquela subjugação. Também porque sabíamos que se Natan os chamasse, acostumados a obedecê-lo, voltariam ao Túnel Negro. Nas colônias essa volta é muito difícil, por estarem mais longe da crosta e fora do alcance das mentes trevosas. Os que precisavam ficar no posto foram acomodados em quartos isolados; aqueles que ainda não tinham consciência de sua situação ficaram em leitos, amarrados, não podendo sair.

Agora, teríamos de esperar o dia certo em que encarnados e desencarnados se reuniriam para o trabalho de equipe, quando os nossos socorridos seriam orientados pela incorporação com os médiuns da casa.

Elisa ficou no posto, cuidando de Walter e de todos os que ali estavam, ajudando os trabalhadores desencarnados da casa. Voltei aos meus afazeres nas salas de aula do curso que ajudava a administrar, esperando, ansiosa, o desenrolar dos acontecimentos.

9

Na sala de aula

Enquanto esperava a doutrinação de Walter, dediquei ainda mais tempo ao meu trabalho. Estava me dando bem como instrutora do curso de reconhecimento do plano espiritual. Estava gostando muito de lecionar. Numa das aulas, Norio, o japonês, me fez algumas perguntas que não estavam no currículo. Percebi, com satisfação, que estava apta a responder, e isso me tranquilizou.

No plano espiritual, principalmente onde se pratica o bem, vamos perdendo o costume de reparar na aparência física dos outros. Na classe onde trabalhava havia idosos, negros, brancos e, como temos muitos orientais nas terras brasileiras, é claro que também os temos no plano espiritual. Norio é uma pessoa muito agradável, risonha, com inteligentes olhos puxados. Quando encarnado, já era chamado "Norio, o japonês" e continuou sendo depois de desencarnado, orgulhando-se muito do tratamento carinhoso.

– Patrícia – replicou Norio –, admiro muito Allan Kardec, como também a equipe que o ajudou a escrever os livros que nos legou. Onde eles estão? No momento, estão encarnados ou desencarnados?

– Norio, poucos sabem sobre isso no plano espiritual. Eu não sei. Só sabem os desencarnados mais elevados, os estudiosos e os que têm como trabalho a orientação da Terra. Nós, a maioria, não sabemos deles nem do paradeiro de espíritos considerados santos ou que foram importantes, de alguma forma, encarnados. Isso por precaução, porque, se todos os desencarnados souberem, logo os encarnados saberão. E, como há muitos imprudentes, se falarmos que estão encarnados, rapidamente centenas de "Allans Kardecs" irão surgir, como também cada um de sua valiosa equipe. Se dissermos que estão desencarnados, poderão acontecer muitas supostas manifestações, por via mediúnica, em lugares em que não há a devida cautela, com mensagens assinadas por pessoas famosas. Assim, só posso responder que eles continuam firmes nos seus propósitos, rumo ao progresso, preocupados com todos os espíritos que trabalham para sua evolução, em ajudar com bondade a todos. Se estão encarnados, nem pensam no que foram no passado, porque isso não preocupa os espíritos bons. Se desencarnados, muitas vezes se escondem em pseudônimos, porque reconhecem que não fizeram mais do que lhes competia fazer.[12]

— Patrícia, estou aprendendo a volitar, mas ainda não o faço com rapidez, será que aprenderei? – perguntou Norio novamente.

— Certamente – respondi. – Aprendemos primeiro a volitar devagar para depois fazê-lo rápido. A última forma que aprendemos é a de fazê-lo com a rapidez do pensamento. O curso de volitação nas colônias é aberto a todos, e aprende quem o deseja.

— Muitos encarnados se desprendem de seu corpo e volitam. É porque já sabiam? São danadinhos... – disse Norio.

— Aquele que sabe faz! Se quando desencarnados sabiam, ao encarnar recordam-se facilmente e, quando desprendidos do corpo carnal, seja conscientemente, seja pelo sono físico, o fazem. Mas encarnados também podem aprender se alguém os ensinar.

— Patrícia, quem tem medo de altura como faz para volitar? – indagou Norio, todo sério.

---

12. Esta resposta aqui registrada, eu a dei sob orientação da equipe da Colônia Casa do Escritor. (N.A.E.)

Rimos.

– Se desencarnado – elucidei-o –, deve procurar o porquê do medo e superá-lo. Quando se está encarnado, usam-se alguns truques. No corpo carnal o medo de altura é mais forte, porque as pessoas sabem que, se caírem, irão no mínimo se machucar. Desencarnados não correm esse risco. Minha mãe está encarnada, é acrofóbica e volita. Costuma ir a muitos lugares. No começo, tinha cautela e não olhava para baixo, agora o faz mais facilmente e certamente um dia irá superar esse trauma, que tem por um acontecimento de outra existência.

– Patrícia – disse Ernani –, tenho uma prima que é espírita e sua filha mais velha, Lilian, desencarnou. Ela está bem e feliz aqui no plano espiritual, mas seus pais querem ter outro filho e que Lilian volte a encarnar. Ontem nos encontramos, e ela está num dilema: encarnar ou não.

– Se os pais querem ter outro filho, tudo bem, mas não devem proceder como seus primos, que querem o retorno da filha. Existe essa possibilidade; em alguns casos, desencarnados podem reencarnar em curto espaço de tempo entre familiares e, às vezes, com os mesmos pais. Mas cada caso deve ser estudado com atenção. Os encarnados não devem fazer desse desejo algo que incomode o desencarnado, não devem ser egoístas. E o desencarnado, não tendo planos de reencarnar logo, não deve fazê-lo só porque os pais querem. Aconselhe Lilian a conversar com um orientador e pedir ajuda para resolver esse problema. E, se ela se achar sem condições de retornar à carne, não deve fazê-lo agora.

O assunto da aula passou a ser obsessão.

Geralda nos contou que teve uma existência física muito difícil. Órfã, casou-se jovem e sofreu muito com o marido, que bebia. Querendo se ver livre do esposo, planejou e o assassinou, e ninguém ficou sabendo. Trabalhou muito e criou seus cinco filhos. Mas o esposo, querendo vingar-se, obsediou-a por anos, até que os filhos moços procuraram o Espiritismo, que a ajudou. Falou emocionada do muito que sofreu, mas que pela obsessão conheceu o Espiritismo, que veio elucidá-la e auxiliá-la bastante.

Marcílio teve uma experiência diferente, desencarnou em acidente no trabalho e descobriu, então, que a esposa o traía com seu sobrinho. Com raiva, passou a obsediá-la e não deixou ninguém se aproximar dela com intenção amorosa. Com a vida conturbada, a esposa foi a um lugar, onde pagou para ficar livre da influência negativa, no caso, ele. Desencarnados que lá trabalhavam pegaram-no e o levaram preso para um lugar do Umbral. Marcílio ficou muito tempo prisioneiro e fez amizade com um outro desencarnado que também estava preso. Esse amigo contou-lhe por que estava cativo. Desencarnara, deixando a esposa com seis filhos e, preocupado com eles, voltou a sua antiga casa terrena, sem saber que os prejudicava. A esposa, sem entender bem, procurou ajuda erradamente, e ele foi preso. Devemos buscar auxílio só em lugares bons, em que se faz caridade, principalmente quando se trata de entes queridos desencarnados. Socorristas ajudaram esse seu amigo, levando-o para um lugar melhor. Tempos depois ele voltou e o socorreu. Marcílio disse-nos que foi uma experiência muito triste não ter perdoado e ficar obsediando. Esqueceu de si para infernizar a esposa e sofreu muito.

Concluímos que é muito triste tanto obsediar como ser obsediado. Aquele que obsedia perde tempo precioso, para no seu caminho para atormentar os outros. Devemos viver de tal modo que não mereçamos raiva e ódio de ninguém. Mas se, pelo passado, alguém nos cobrar, devemos ajudá-lo e não aceitar sofrer pelo que fizemos. Porque permitir que o outro nos faça mal é o mesmo que continuar prejudicando-o. Deve o obsediado orar, ter uma vida decente e procurar num centro espírita o auxílio para si e para o outro. Todos devem ser tratados como irmãos e como gostariam que fossem tratados. O obsessor e o obsediado merecem o mesmo respeito.

Muitos foram os comentários sobre a obsessão. Albertina nos narrou:

– Tenho um tio que é uma pessoa muito difícil. Vive irritado, enfermo e, nas suas crises, atormenta toda a família. Muitos diziam que estava obsediado. Até a família, embora descrente, foi em busca de auxílio. Mas nada. Ele melhorava um pouco e logo voltava ao seu mau humor. Logo que desencarnei, pensei também que meu tio era obsediado. Mas, para minha surpresa, ao visitá-lo, não vi nenhum desencarnado com ele. Querendo aprender, indaguei ao meu orientador, que, para elucidar-me, foi comigo vê-lo.

"'Albertina', disse o orientador, 'esse senhor não é obsediado. Ele não se educou, é uma pessoa nervosa e, consequentemente, doente. Quem não aprende a controlar-se quase sempre se torna enfermo. É pessimista, egoísta, gerando assim muitos fluidos negativos, que o tornarão mais irritado ainda. Ele é uma pessoa difícil e que nada faz para melhorar. Nem tudo o que acontece aos encarnados é culpa dos desencarnados. E nem sempre situações difíceis acontecem por obsessões. Estas existem, mas deve ser analisado se não é o encarnado que sofre por suas próprias ações, por sua maneira errada de ser e agir. Como também se não é físico o que ele sente, ou se é como no caso de seu tio, que é pessoa difícil'."

Realmente, concluímos que muitos encarnados colocam a culpa nos outros, porque é mais fácil do que reconhecer seus próprios erros.

– Patrícia – perguntou Marília –, um encarnado pode obsediar um desencarnado?

– Pode. Se o encarnado chamar o desencarnado, chorando desesperado por ele, não se conformando com sua desencarnação, pode atrapalhá-lo. Se esse desencarnado estiver abrigado numa colônia, sentirá esses chamamentos, que o incomodarão. Se estiver vagando, quase sempre virá e ficará perto do encarnado, numa troca doentia de fluidos. Os encarnados devem ajudar os desencarnados a que amam, devem ser otimistas, orar por eles, desejando que estejam bem e felizes e que aceitem a desencarnação. O amor deve sempre nos levar a querer o melhor para o ser amado.

– Bendito seja o amor! – exclamou Terezinha, rindo. Finalizamos a aula.

10

Desencarnações

Nosso grupo de estudo foi com os outros dois instrutores ver, na prática, e tentar ajudar algumas desencarnações. Já havíamos estudado, na teoria, as muitas formas de deixar o corpo físico. Agora iríamos ver para aprender sobre o desligamento de algumas pessoas.

Avisados de que estava havendo um tiroteio entre grupos rivais, fomos imediatamente para lá. Ao chegarmos, ainda trocavam tiros, e algumas pessoas corriam com medo. Os assassinos fugiram, deixando caídos dois feridos: um, na perna; outro, no abdome, na mão e na perna. Três vieram a desencarnar.

Rápido, também, vieram ajudar quatro socorristas que trabalhavam na região e um bando de desencarnados trevosos. Estes chegaram tocando tambores e fazendo barulho.

– Por que essa algazarra? – indagou Terezinha.

Alberto, um outro instrutor, respondia a todos, esclarecendo.

– Grupos assim, de desencarnados que vagam, estão sempre à cata de novidades e confusões. Deliciam-se com brigas, chegam até a apostar e torcer por um desfecho macabro. Temos visto alguns batucando, andando por aí. Certamente estes têm essa preferência, como outros grupos têm outras. São muitos os que gostam de algazarra.

Alguns do bando trevoso nos viram, outros nos sentiram. Pararam perto e esperaram, porém continuaram a batucada. Alguns gritaram, dirigindo-se a nós:

– Ei, vocês do Cristo, andem logo!

– Peguem os que são de vocês e se mandem!

– Queremos os nossos!

Voltamos nossa atenção e cuidados para os feridos. O que tinha levado três tiros estava mal e perdia muito sangue. O dono do bar onde aconteceu o tiroteio chamou a polícia e a ambulância. O socorro para os feridos veio rápido e os dois foram levados ao hospital. Cleusa, que foi médica quando encarnada, acompanhou-os, fazendo tudo que estava ao seu alcance para ajudá-los.

Os três que tiveram o corpo físico morto estavam confusos e sofriam.

– Este – disse um dos socorristas – é bom moço, trabalhador, correto, e atiraram nele só porque conversava com este outro, seu primo, que era traficante.

Observamos melhor os três: eram todos jovens, adolescentes. O apontado pelo socorrista, via-se, pela sua aura, que era boa pessoa. O que vimos nos outros dois não foi nada agradável. A aura deles estava suja, pastosa e tinha tonalidade escura.

– Este – disse o outro socorrista, esclarecendo nossa turma – já assassinou três pessoas, é traficante e sádico. Tem dezessete anos. E o outro é viciado em drogas e ladrão de carros.

Estes dois debatiam-se, em espírito, já que os corpos mortos estavam inertes. Rodeamos os garotos e oramos. Depois, aproximamo-nos do que era bom. Um dos socorristas lhe falou bondosamente:

– Jairo, você está ferido, vamos ajudá-lo. Calma! Fique tranquilo!

O garoto acalmou-se, e o processo de desligamento foi rápido. Alberto esclareceu ao grupo:

– Logo a polícia estará aqui e levará os cadáveres. Precisamos desligar Jairo depressa para levá-lo daqui, evitando assim cenas desagradáveis a este jovem.

Jairo, em perispírito, adormeceu tranquilo, e logo os socorristas experientes o desligaram, levando-o para um posto de auxílio, ali perto. Seu cadáver ficou com muitos ferimentos, mas seu rosto demonstrava tranquilidade. O socorrista que ficou dispersou os fluidos vitais de seus restos mortais para evitar que fossem sugados.[13]

Quando o socorrista acabou, afastamo-nos alguns metros, nada mais tínhamos a fazer. Agora, era a vez do outro grupo. Ficamos observando em silêncio, e a cena trágica nos chocou.

Eles se aproximaram dos outros dois, e vimos um deles, um desencarnado, especialista em desligamento, ficar bem próximo dos jovens mortos. Ele falou, rindo, talvez imitando com deboche os socorristas:

– Calma aí, Negrão! Fique tranquilo, Tonho! Tiro vocês daí! Estão mortinhos! Ou melhor, mortões!

Alguns pararam a batucada para olhar melhor, outros continuaram. Com rapidez, o desencarnado, demonstrando que sabia fazer e bem-feito, desligou os dois sem

---

13. É uma cena deprimente ver seres humanos vampirizando e outro ser vampirizado. Socorro na desencarnação depende só do merecimento. Espíritos que vagam necessitam muito de fluidos e, como não conseguem absorvê-los naturalmente, os roubam, vampirizando-os dos recém-desencarnados e encarnados. Quando isso acontece, o desencarnado sente esvaírem suas forças, suas energias psíquicas. As energias físicas voltam à natureza, são sugadas as energias psíquicas ou mentais. Assim, quando os socorristas fazem isso, eles retêm para o corpo perispiritual as energias que o recém-desencarnado necessita e fazem retornar mais rápido as que são da natureza. (N.A.E.)

nenhuma delicadeza, jogando-os para o meio do bando, que os segurou, rindo e fazendo piadas. Estavam abobalhados, assustados e com medo. O grupo avançou sobre os restos mortais dos dois, já que o socorrista vigiava os do que fora socorrido. Como feras, vampirizaram os fluidos vitais, lambendo o sangue que escorria pelo chão.

Alguns encarnados rodearam o local, olhando curiosos. Foi quando uma senhora se aproximou chorando. Era a mãe de Jairo. Nós a rodeamos, tentando confortá-la.

– Jairo estará melhor agora! – disse Albertina.

Uma mulher que acompanhava a mãe de Jairo sentiu a expressão forte e comovida de Albertina e disse, abraçando a amiga:

– Neuzinha, não se desespere, Jairo estará melhor agora, longe desta vida ruim!

– Estará! – disse a mãe, comovida. – Ele era tão bom que só pode estar bem.

Veio outra senhora chorando desesperada. Era a mãe de um outro.

– Meu filho, avisei tanto que não era para se meter com esses bandidos.

Afagamo-las, confortando. Sofriam muitíssimo.

Os desencarnados do bando continuaram até que se saciaram. Depois se afastaram alguns metros e ficaram observando, talvez porque também estávamos. Lourival, da nossa turma, querendo aprender, indagou ao socorrista que estava ali olhando tudo tranquilo:

— O senhor não se entristece com essas cenas?

— Certamente, mas faz dez anos que trabalho no posto de serviço aqui perto e, infelizmente, essas cenas são comuns por aqui.

— E os outros dois — quis saber Marília —, o que acontecerá com eles?

— Não foi possível socorrê-los porque insensatamente se afinam com o outro grupo. Pelo que tenho visto, logo estarão a farrear com o bando, ou planejando se vingar dos seus assassinos.

— E o Jairo? — perguntou Lourival. — Aceitará o socorro oferecido?

— Acredito que sim — replicou o socorrista pacientemente. — Jairo é um bom garoto, afina-se com o bem, irá gostar do nosso posto. Mas ele é livre, poderá sair se quiser.

A polícia chegou e começou o seu trabalho. O bando ria, xingava ora os policiais, ora os bandidos. Mas não se aproximara. Quando os cadáveres foram levados, o socorrista despediu-se de nós. O bando também se afastou, fazendo muito barulho, levando os dois, amparados e quase inconscientes, sem entender o que acontecia.

Afastamo-nos silenciosos, vimos a desencarnação de três jovens de modo violento e doloroso.

Deixo claro que nem todos os que são assassinos têm a mesma maneira de desencarnar. Às vezes, quando há um tiroteio com desencarnação, o bando trevoso não comparece, nem os socorristas. Tenho visto alguns terem uma morte violenta e o desligamento ser compulsório, rápido, e o desencarnado ficar perto do corpo morto, sem entender o que ocorreu. E, em outros casos, o desligamento acontecer tempos depois. O socorro depende muito do merecimento, como no caso de Jairo, ou de muitos fatores, como o desencarnado pedir ajuda a alguém ligado a ele, seja encarnado seja desencarnado. Claro que, depois dos primeiros socorros, ele ficará abrigado, se quiser.

Fomos ver outro desligamento. Dirigimo-nos a um cemitério e lá visitamos um velório, na sala sete, onde éramos esperados. Fomos assistir ao desligamento de uma mulher, seu corpo físico completava cinco horas de paralisação de suas funções vitais. Estava num caixão lacrado e sua desencarnação fora em decorrência da aids. Dois socorristas esperavam para começar o processo de desligamento. Logo após nos termos acomodado, eles se puseram a trabalhar. Havia poucos encarnados no velório e o enterro iria ser logo.

– Esta mulher – explicou um dos socorristas – teve uma vida degenerada. Mas, ao descobrir que estava doente, foi em busca de cura num centro espírita. Não teve a cura do corpo, mas a Doutrina muito fez por ela. Passou a ler bons livros espíritas, a ir ao centro espírita em dias de palestras e mudou sua vida, modificou-se interiormente para melhor. Aceitou a doença e, nos últimos tempos, orava muito para ter socorro quando desencarnasse. Por isso, aqui estamos. Ela dorme e não está sentindo nada. Antes de ter seu corpo morto, deram-lhe medicamento para dormir, e desencarnou adormecida.

Alguns dos alunos, já esclarecidos, foram ajudá-los, e em pouco menos de uma hora ela estava desligada. Dormia tranquila.

– Pronto – disse o socorrista –, agora vamos levá-la para um hospital no plano espiritual, onde se recuperará.

Ao lado da sala do velório, estavam fazendo muito barulho. Muitos encarnados choravam desesperados. Aproveitando a oportunidade de aprender, fomos lá ver o que ocorria.

De fato, vários encarnados ali presentes choravam sofrendo muito. Estavam velando o corpo de um adolescente. Um dos socorristas nos acompanhou. Ele trabalhava com muitos outros naquele cemitério. Elucidou-nos:

– Este garoto ia fazer dezesseis anos. Suicidou-se dando um tiro no ouvido. Foi levado ferido para o hospital, onde ficou seis dias em coma, acabando por desencarnar.

Ouvimos muitos comentários de encarnados.

– Dizem que foi por causa da namorada.

– Falam que se matou por ser homossexual.

E foram muitas as fofocas maldosas. Não se devem fazer comentários negativos de ninguém, principalmente num velório, e devemos nos comportar como gostaríamos que procedessem no nosso.

Mas o que nos levou a ficar e observar foi que o garoto já estava desligado, só que perturbado, aflito e agoniado. Estava em espírito perto do corpo morto, não se afastava. Gritava desesperado, querendo tê-lo de volta ou revivê-lo para continuar sua vida como encarnado.

– Que imprudência! – exclamou Genoveva, emocionada. – Quis morrer e ao fazê-lo quer o corpo de volta.

– Certamente – esclareceu Alberto –, o garoto não pensou nas consequências do seu ato. Vendo seus pais e irmãos sofrerem tanto por ele, desesperou-se. Como também, vendo o corpo morto e ele vivo, tem medo da nova vida que a desencarnação o levará a ter.

Perto dele, tentando acalmá-lo e ajudá-lo, estava um senhor desencarnado, seu avô. Porém o garoto não queria afastar-se dali e não aceitava ajuda. Os encarnados choravam e ele chorava também. Nisso, um tio do menino entrou no velório. Era um senhor espírita. Com modos educados, mas firmes, recomendou aos pais e familiares:

– Por favor, sei que a dor é grande neste momento, mas vamos orar todos juntos. Vamos dar nossa ajuda a ele, que tanto amamos. Vamos perdoá-lo por seu ato insensato, não nos cabe julgá-lo, mas sim auxiliá-lo. Vamos rogar ao nosso Pai Maior a ajuda de que precisa. Que ele possa ser socorrido pelos bons espíritos.

Quietaram-se todos, e o senhor fez uma oração muito bonita, acompanhado por muitos encarnados e por nós, desencarnados. O garoto parou de chorar, tentou orar, mas não conseguiu acompanhar as palavras do tio. Muitos fluidos vieram em sua direção e, por momentos, ele se equilibrou. Após a oração, ele escutou claramente as palavras do tio, que lhe falou mentalmente:

"Calma! Não se desespere! Nada acabou com a morte do seu corpo. Somos eternos! Peça perdão! Aceite o socorro! Durma! Calma!"

Ele aceitou o abraço do avô desencarnado. Refugiou-se nos seus braços e dormiu; só que seu sono foi agitado. O avô o levou para o abrigo, um pequeno Pronto Socorro Espiritual daquele cemitério. O socorrista nos disse, explicando:

– Ele ficará em nosso abrigo até acordar. E, quando o fizer, seu avô e um orientador falarão com ele. Caberá a ele escolher se quer ou não o socorro. Se quiser, deverá ser levado a um hospital no plano espiritual próprio para suicidas. Se não, sofrerá muito mais. Mesmo num hospital, demorará a se recuperar, porque lesou o seu corpo perfeito. Logo será seu enterro e, como vimos, este senhor espírita foi de grande ajuda. Como as pessoas boas e com compreensão ajudam nos velórios.

Fiquei impressionada com a expressão de terror e desespero do garoto. Sei que é bem triste e de muito sofrimento para os familiares de pessoas que se suicidam. Mas não devem se desesperar nem blasfemar, e sim, tentar ajudar um ao outro, e todos devem se esforçar para auxiliar o suicida. Devem ver nele um imprudente que fez muito mal a si mesmo e que necessita do perdão de todos e de muitas orações, colocando nelas o incentivo para que ele peça perdão, para que rogue socorro e aceite a ajuda que lhe é oferecida, como também desejar-lhe paz e que seja feliz. Isso, vindo dos entes queridos, os auxilia muito. Os familiares do suicida não devem pensar que eles são infelizes e que sofrerão pela eternidade. Nada na espiritualidade é taxativo, cada caso é visto com carinho. É errado se matar ou tirar a vida física de quem quer que seja. As consequências do erro são de quem o cometeu, mas somos sempre perdoados quando pedimos perdão com sinceridade. O carinho dos que nos amam é conforto que facilita muito. E, quem pensa em se suicidar, que não o faça. Por pior que seja a dificuldade do momento, lembre-se de que tudo passa, o tempo passa trazendo as soluções. Continuamos a existência após a morte do corpo e, para o suicida, essa continuação não é agradável e ele acaba sofrendo bastante.

O socorrista nos acompanhou para uma visita ao cemitério.

– Veja – disse Josefino –, dois desencarnados trevosos guardando este túmulo.

– Aqui está enterrada há nove dias uma senhora – esclareceu o socorrista. – Como ainda está ligada ao corpo, os desencarnados fazem rodízio para vigiá-la. São muitos os que querem vingar-se dela.

– Eles não poderiam desligá-la? – indagou Marília. – Pelo que vimos, muitos desencarnados maus sabem fazer isso.

– Claro que poderiam – respondeu o socorrista. – Vocês já viram como é triste o sofrimento de uma pessoa que fica desencarnada no corpo por dias? Sente a decomposição, os vermes comê-lo. É por esse sofrimento que eles não a desligam. Só a vigiam para que ninguém o faça ou, se ela o fizer por si mesma, que saia e eles a percam de vista. Certamente, quando eles acharem que ela já está parando de sofrer no corpo em decomposição, a levarão para o Umbral.

– Ela deve ter sido muito má para ter despertado tanto ódio assim – comentou Hugo –, tenho pena dela.

Será que vocês, socorristas, não poderiam desligá-la? Socorrê-la?

Alberto, querendo que todos entendessem bem o que acontecia, nos convidou:

– Vamos nos aproximar para estudar e entender melhor esse fato.

Os dois desencarnados que vigiavam não arredavam o pé do lugar, embora se inquietassem com nossa presença. Um deles, depois de gaguejar, esforçou-se para falar.

– Esta não é de vocês! E, depois, não estamos fazendo nada.

– Sei – respondeu o socorrista –, viemos só para estudar.

Vimos a senhora, o corpo se decompunha e ela, em espírito, estava desesperada, revoltada e indignada. Blasfemava contra Deus achando injusto seu sofrimento.

– É por isso, Hugo, que os socorristas não podem ajudá-la. Vamos orar por ela – esclareceu Alberto.

Todos do grupo recolheram-se em orações. Fluidos nossos foram até ela, porém não a atingiram em razão de seu bloqueio negativo. Fluidos bons ou ruins não são impostos, são lançados e aceitos se quisermos. Podemos repelir qualquer energia que nos seja lançada. Quando oramos, ela por segundos pensou em Deus, mas não aceitou nossos pensamentos e sugestões de voltar ao bem.

De forma que, pelas orações, recebemos fluidos benéficos, mas, se pensarmos negativamente, não conseguimos recebê-los. Quando oramos, os dois vigias afastaram-se alguns metros e ficaram olhando-nos. Cleusa dirigiu-se a eles:

— Vocês dois não querem orar conosco? Não querem ajuda? Não precisam de auxílio? Por que não a perdoam?

— Calma aí, moça! — respondeu um deles. — Perdoar por quê? Ela nem pediu! E por que se preocupa conosco? Não queremos nada de vocês. Não queremos orar. Ajuda? — riu. — Uma garrafa de pinga seria de bom gosto.

Nós nos afastamos, despedimo-nos dos socorristas, agradecendo. Estávamos sendo aguardados. Fomos todos para um apartamento onde iria desencarnar uma senhora. Alberto explicou à turma:

— Esta senhora é muito boa, teve uma vida digna fazendo do seu dia a dia um ato de amor. Ama a Deus profundamente, ama a si mesma com muito respeito pela vida e ao próximo como a si mesma.

Entramos no apartamento. A senhora que fomos observar morava sozinha, estava no quarto, deitada no leito. Fazia-lhe companhia a filha, que estava preparando o jantar na cozinha. Muitos desencarnados bons ali estavam, vieram para estar com ela, todos a amavam. Alguns comentaram:

– Ao saber que minha benfeitora iria desencarnar, pedi licença para vir ficar perto dela, transmitindo-lhe o amor que lhe devoto.

– Ela é tão boa! Vou vibrar com carinho para que ela não sinta nada.

Essa senhora estava acamada, naquele dia não estava disposta. Pegou um copo de água para beber, e um socorrista colocou um remédio na água. Ela tomou e ficou sonolenta. Três socorristas especializados começaram, com delicadeza, o desligamento. Após alguns minutos, o coração físico parou, e também a respiração. O corpo carnal morreu, seu perispírito separou-se dele, e ela sorriu meigamente. Recebeu bons fluidos de todos os presentes. Adormeceu tranquila. Os que ali estavam por amizade e carinho começaram a cantar canções bonitas que escutamos nas colônias e postos. O ambiente estava radiante e com vibrações de muita paz.

O trabalho dos socorristas terminou, e a levaram para uma colônia. Alguns a acompanharam, outros ficaram.

– Vamos ficar até o enterro – disse um senhor.

A filha veio dar uma olhada na mãe, pensou que dormia ao vê-la quieta. Uma senhora desencarnada aproximou-se da filha e lhe pediu para ver melhor a mãe. Ela, então, notou que a mãe não respirava e entendeu que desencarnara. Ajoelhou-se, começou a orar e lágrimas escorreram abundantes pela sua face. Após acalmar-se, sustentada pelos fluidos dos desencarnados presentes, levantou-se e foi tomar as providências necessárias no momento.

Afastamo-nos comovidos. Lourival comentou:

– Que diferença! Vimos uma desencarnada de quem muitos queriam vingar-se. E esta senhora, com tantos a ajudar.

Alberto elucidou-nos:

– A desencarnação é a continuação real da vida que tivemos, ligamo-nos aos nossos atos. Foram duas formas de viver diferentes. Não precisamos saber o que fez uma ou a outra. Concluímos como deve ter sido a vivência delas. Diretrizes para o bem-viver não nos faltam. Os ensinamentos de Jesus estão aí para todos, como também não é difícil a vivência deles. Felizes os que fazem do bem o objetivo de sua vida!

– Por que umas pessoas se apavoram tanto com a desencarnação e outras não? – Hugo indagou.

Meditei por uns instantes, a pergunta era realmente interessante. Respondi, tentando esclarecê-lo do melhor modo possível:

– Muitos realmente temem a desencarnação. O que normalmente acontece com alguns encarnados é que eles vivem as projeções, esperanças e ideias que preenchem seus pensamentos. Outros, masoquistas, ruminam insensatamente ofensas, dores e angústias, gostando até de se sentir doentes para ser alvo de atenção. Têm medo de olhar a vida como ela é, porque, se conseguissem ver a realidade da vida, teriam que mudar radicalmente seus pensamentos, modos e atitudes, pois a vida não está preocupada com os seus desejos e recusas. Ela é o que é.

Vejamos um exemplo. Quase sempre, diante da desencarnação de um ente querido, nos primeiros instantes, preocupamo-nos conosco: "Ai, meu Deus, que será de mim agora?" Depois, diante da dureza da separação, ficamos preocupados e vemos que deveríamos ter tido atitudes bem mais amorosas e benfazejas para com aquele ente querido que se foi.

Jesus nos advertiu que estivéssemos vigilantes. Recomendou aos apóstolos: "Estejam cingidos os vossos rins".[14] Isto é, com cintos cingidos. Naquele tempo, viajavam colocando nos cintos os pertences mais importantes da viagem. Recomendou-nos, assim, que estivéssemos sempre prontos para a viagem, que é a desencarnação. A vida física não nos dá segurança, passamos do plano físico para o espiritual sem aviso prévio. Muitos encarnados não vivem esse conhecimento, essa verdade. Por isso

---

14. Lucas, XII:35. (N.A.E.)

tanta vaidade, orgulho e prepotência. Porque, se todos percebessem que nada somos por nós mesmos, nada temos de absolutamente nosso, a simplicidade e a humildade seriam a base de nossas relações.

Nas grandes catástrofes do mundo físico, os homens se ajudam mutuamente com simplicidade e fraternidade, porque com o acontecido tudo perderam e naquele instante são iguais. Passados os momentos dolorosos, vão aos poucos voltando às ilusões e a se explorar mutuamente.

A humildade cultivada externamente é vaidade e pretensão. A verdadeira humildade somente é vivida quando não a temos como tal, estando totalmente conscientes de nossa pequenez. Se procedermos assim, veremos a realidade daquilo que somos e o que a vida é. Isso é fundamental para que não nos percamos nos caminhos das pretensões e vaidades humanas.

Aqueles que meditam nas verdades dos ensinamentos de Jesus esquecem-se de si. Não se apavoram com a desencarnação, encarando-a como um prosseguimento da vida. Têm como ponto fundamental a glória de Deus manifestada na vida e não nos seus desejos pessoais. Agem como a lagarta, que está sempre pronta a aceitar com amor as transformações que a vida quer operar em sua existência. De lagarta faminta, transforma-se em bela borboleta, sustentada pela energia do néctar das flores. Mas para isso é preciso que amemos a Deus acima de tudo, acima de nós mesmos. Mas não o Deus distante e, sim, o Onipresente.

Devemos seriamente pensar na desencarnação como prolongamento da vida e, se quisermos ter uma continuação feliz, que façamos por merecê-la.

Vimos muitas desencarnações e todos do grupo aprenderam a desligar o perispírito do corpo físico. Lourival e Cleusa gostaram tanto que escolheram trabalhar, após o curso, socorrendo recém-desencarnados.

Meu amigo Antônio Carlos tem razão: aprendemos muito quando ensinamos o que sabemos aos outros. Amei participar desse curso!

11

Numa reunião espírita

No dia e hora marcados para a orientação dos socorridos do Túnel Negro, fui ao centro espírita e lá me encontrei com Elisa.

– Patrícia – disse ela –, estou ansiosa e também preocupada. Será que Walter irá querer a ajuda oferecida?

– Espero que sim – respondi. – Como estão eles? Como está Walter?

– Estão como os deixamos, alguns, mais agitados. Serão trazidos do posto para o salão logo mais.

Construído da mesma substância do perispírito, o posto de socorro está acima da construção material do centro espírita. Muitos centros espíritas têm esse pequeno hospital, um lugar de emergência, como a continuação da construção material ou perto. Quase sempre essa continuação de auxílio tem um pequeno ou mini-hospital para os primeiros socorros. Como também tem locais de moradia para alguns desencarnados que lá trabalham. São muito úteis, mas sempre singelos e acolhedores. Quando o centro espírita tem posto de socorro, os socorridos ficam provisoriamente nesse lugar e são trazidos ao local da reunião mediúnica, antes do início. O posto desse centro espírita é muito bonito, quadros de lindas paisagens enfeitam suas paredes e há sempre flores a alegrá-lo.

Enquanto aguardava, fui rever amigos desencarnados. Após muitos abraços e conversas, tomamos nossos lugares, porque logo iriam iniciar os trabalhos programados. Meu pai chega bem antes da hora e fica orando e meditando. Muitas pessoas vão antes também, para conversar com ele e tirar dúvidas. Ele procura atender a todas, ensinando-as. Os encarnados foram chegando. Que bom vê-los, convivi com muitos deles e alegro-me por serem meus amigos. Emocionada, escutei meu pai:

"Muito se tem dito sobre o significado das parábolas do Mestre Nazareno. No Ocidente, quase a totalidade das pessoas se dizem cristãs. É indiscutível ter sido Jesus o maior espírito de que temos notícia, expoente em valores e qualidades dentre todos os instrutores conhecidos pela nossa humanidade. E nós, cristãos, conhecemos ou deveríamos compreender os ensinos de Jesus e ter seu exemplo como meta de vida. Vangloriamo-nos sempre de sermos seus seguidores. Porém, a maioria de nossas atitudes, nossas reações diante das relações que a vida nos impõe e nosso relacionamento não diferem muito das pessoas ditas não cristãs. Não estará algo errado? Admitindo-se que sim, não serão naturalmente os ensinamentos de Jesus, mas a maneira de entendê-los ou traduzi-los na nossa maneira de viver.

Criamos uma complexidade enorme em nossa estrutura psíquica, em nosso patrimônio espiritual, ficando repletos de créditos, de conhecimentos e posições adquiridas por uma autovalorização de nossos próprios atos. Nossas ações estão baseadas na reciprocidade. Não sabemos fazer nada se não tivermos a visão de um retorno de ganho pelos nossos atos. Não costumamos gravitar em torno do centro da vida, que é Deus. Com exceção de poucos, o centro em torno do qual gravitamos é o nosso próprio ego. Todos os nossos pensamentos e ações têm o seu próprio benefício como fim. Aprendemos a adorar a Deus, o que é muito fácil. Não nos exige nem esforço físico e perda pecuniária. Não sabemos ainda vê-Lo e amá-Lo nas suas manifestações. Amá-Lo na Sua onipresença requer sensibilidade e visão acurada da realidade dos fatos da vida. Temos conhecimento, por meio dos relatos de desencarnados, que esse sentimento de ganho e perda nos acompanha após a desencarnação. Institui-se, nas colônias, o bônus-hora para que os recém-chegados, condicionados ao ganho, não se sintam desestimulados para o trabalho. O bônus-hora é um incentivo ao espírito ocioso ou, em outras palavras, ao espírito que ainda vive em função da sua própria pessoa e que ainda não sabe o valor do bem coletivo. Recebem para que tenham estímulos para trabalhar em seu benefício e do bem do seu próximo.

Amar a Deus é tê-Lo como centro da própria vida, vê-Lo, senti-Lo, ter afeto por Ele em todas as suas manifestações. Jesus disse: 'Senhor, bem-aventurado por ter ocultado isto aos sábios e prudentes e revelado aos simples e pequeninos'. Sábio não é sinônimo de erudito, daquele que muito conhece, que tem a qualquer momento de cor as citações do patrimônio intelectual e religioso da humanidade. Não condenamos o conhecimento dos livros sacros, eles nos são necessários, mas sim a maneira como muitos os utilizam. Eles são meios para que conheçamos a vivência daqueles que nos antecederam. Esses arquivos proporcionam ao ser humano a evolução e, interminavelmente, devemos crescer pela mente e pelo espírito. Para que esses ensinos façam parte de nossa vida, é necessário que o exemplo do Nazareno seja compreendido e não decorado, como temos feito há quase dois mil anos. Ao compreendê-lo, veremos o que Jesus via e vivia, assim já não mais faremos a Sua vontade e sim a nossa, que passa a ser como a Dele, porque veremos como Ele o que é falso e o que é verdadeiro.

Disse Jesus aos seus apóstolos: 'Ide, ensinai, curai para que quando os homens virem suas boas obras glorifiquem o Pai que está nos céus'. Quanta simplicidade, quanta humildade! Fazer os maiores benefícios à humanidade e esquecer-se não só do ganho pecuniário como também de qualquer agradecimento ou reconhecimento do beneficiado. Fazer por amor à vida que se manifesta no necessitado e em si mesmo. Agir de tal forma que possamos ver em cada ser humano a imagem e a manifestação de Deus. E não exercitar o culto da idolatria da personalidade de José, Sebastiana, Maria, Antônio etc."[15]

Um frequentador indagou a meu pai:

– Por que tenho tantos conflitos? Como poderei eliminá-los?

– O maior drama do homem não está na pressão e nas dores externas. A própria morte física é passageira – respondeu meu genitor. – O grande drama, a grande dor, é o conflito que existe entre o que sou e o que me ensinaram que deveria ser. Temos aprendido que devemos reprimir nossos impulsos egoístas para que possamos viver

---

15. As passagens citadas do *Evangelho* não estão na íntegra e não cito capítulo ou versículo. Escrevendo os ditos de meu pai, fiz como ele costuma fazer, nada decorado, mas sim compreendido. (N.A.E.)

bem com nosso próximo. Enquanto estivermos fazendo a vontade de outros, seja quem for, o conflito permanece e não haverá mudança radical no nosso relacionamento com a vida. Porque, apesar de achar certo fazer o que eles querem e disso esperar créditos e ganhos, a realidade é que se tem a vontade de fazer o que se gosta.

"Normalmente, nós temos nosso ego quase sempre como centro do universo. Tudo deve girar em torno do nosso preenchimento, satisfação e prazer. Essa é quase sempre nossa vontade, mas a vida não sabe e não se importa com nada disso, ela tem seu próprio caminho. E aí, insatisfeitos, nos frustramos, ficamos inconformados e, às vezes, nos revoltamos com o próprio desenrolar dos acontecimentos. Assim, batemos de frente com a vida, e nossa existência perde todo o sentido de somar com ela. Precisamos aprender a aceitar a vida como ela é, sem querer que seja diferente. Mudar para melhor está em nossas mãos, como também aceitar sem contestações o que a vida nos proporciona, mesmo em situações e circunstâncias aparentemente desfavoráveis, pois é nos momentos difíceis que nos superamos, isso se não tivermos dó de nós mesmos. Precisamos compreender que não somos somente filhos de Deus, mas muito mais, que fazemos parte de Sua própria manifestação. Compreendendo isso, vamos entender a diferença existente entre os dois filhos do Senhor, na Parábola do Filho Pródigo. O mais velho nunca saiu de casa, sempre fez a vontade do Pai, mas viveu sempre insatisfeito, porque no seu íntimo não sentia as coisas do Pai como suas. E o Pai não o sentia perto de si, apesar de amá-lo muito. O mais novo, depois de se afastar, de esbanjar o que pertencia a sua natureza, conheceu a si próprio e compreendeu que ele e o Pai eram um só. E, se eram um só, extinguiram-se aí todos os créditos, todos os deveres, permanecendo somente uma única coisa, a unidade de Deus em todas as suas manifestações.

Agora, se quisermos amenizar todos os conflitos e as dificuldades que possam nos perturbar, lembremo-nos do dito de nosso Mestre diante de circunstância semelhante: 'Vinde a mim todos vós que andais cansados e sobrecarregados, que eu vos aliviarei, pois meu jugo é suave e meu peso é leve'. O grande Mestre era viril em todas as suas respostas, não no sentido de machismo, mas de pureza, simplicidade e inocência austera. Dificuldades, sempre as teremos, porque relacionamento é atrito de interesses. E toda cadeia de vida é um constante atrito de funções das manifestações de Deus. O conjunto harmônico de todas as suas funções compõe a sintonia do universo. Particularmente, esse atrito se traduz em conflito entre o que queremos e o que realmente é.

Esta resposta é para aqueles que querem mais profundamente ter a visão do que realmente somos. Se não compreender – falou, referindo-se ao jovem que o indagara –, fique com a primeira parte, vai amenizar muito sua maneira de viver seus conflitos."

Uma médium que há tempo frequenta a casa, trabalhando regularmente, relatou seu drama íntimo, reclamando que Deus foi e tem sido injusto com ela.

– Minha filha – respondeu meu pai, tratando-a de forma carinhosa –, pensarei no seu caso e verei como amenizar seu drama.

Isso acontece em algumas situações que requerem um estudo maior e a procura de soluções para os muitos problemas que ele isenta. Meu pai nunca deixa de atender a quem quer que seja. Quase sempre responde de imediato, mas, nesse caso, ele teria que meditar para achar a melhor maneira de ajudá-la.

A reunião começou e transcorreu tranquilamente, conforme narrarei no capítulo seguinte. Tempos depois me encontrei com Elisa, que, curiosa, me indagou sobre esse fato:

– Patrícia, qual foi o conceito do sr. José Carlos sobre Deus ser justo ou injusto? Com certeza ele resolveu a questão com a médium. Mas gostaria de saber a opinião dele sobre tão delicada questão: justiça ou injustiça divina.

– Elisa, não posso responder por ele. Hoje, papai está em viagem de negócios e, pelo que sei, a máquina que levou para consertar irá ficar pronta somente à tarde. Neste momento está almoçando. Vamos até ele!

Elisa me acompanhou contente e, em instantes, estávamos ao seu lado. Papai acabara de almoçar. Não tendo nada para fazer fisicamente, entrou no seu costumeiro fluxo de pensamento. Isso acontece normalmente quando está só e sem obrigações físicas. Então carinhosamente lhe perguntei:

– Papai, Deus é justo para uns e injusto para outros?

Como sempre faz, tirou de um relacionamento físico entre as pessoas e colocou ali o símbolo de como deve ser o relacionamento entre Deus e nós, nós e Deus.

Pedi a ele novamente que gravasse seus pensamentos, e ele o fez em guardanapos de papel. Agora que escrevemos este trecho, pedi à tia Vera que solicitasse a ele esses guardanapos. Gentilmente nos cedeu, transcrevo na íntegra. Aí está sua resposta:

"Normalmente, quando tudo dá certo conosco, achamos que é merecimento e que Deus nos faz justiça. Quando nos são negados nossos anseios de preenchimento mental e satisfação física, ou seja, quando não está acontecendo o que queremos, sentimo-nos injustiçados, principalmente ao nos compararmos com outras pessoas:

'Por que ele tem e eu não?' Achamos que Deus não está fazendo justiça conosco e que estamos sendo punidos. É que trazemos cargas negativas do passado, que ocasionam frustrações no momento, como também atos desta encarnação podem ter sido os motivos para muitas decepções. Normalmente, não vemos a realidade da vida e sim a projeção das nossas ilusões por considerarmos a vida física como fim e não como meio.

Muitas vezes, o justo ou o injusto, de acordo com nossa compreensão, baseia-se no que damos e no que achamos que devemos receber em troca.

Nós nos sentimos injustiçados porque quase sempre temos como meta nossa distração, preenchimento e prazer. Transformamos as funções e necessidades do nosso corpo físico e a capacidade pensante como fim da nossa existência. Não chegamos a olhar a vida como um todo e a desempenhar eficientemente nossa parte nesse conjunto. Já imaginou se o coração do homem se sentisse injustiçado por não ter folga nem descanso físico? Que seria do homem? Diante desse exemplo, vemos que cada um deve fazer o que lhe compete, não esperando recompensas, mas, sim, estando consciente de que deve realizar o potencial nobre que a vida lhe concedeu. Apesar de insignificantes diante do cosmo, fazemos parte dele. Portanto, precisamos desempenhar nossa função como parte da vida, e não viver para os nossos prazeres e conquistas, materiais ou espirituais.

Deus não cria suas manifestações para puni-las ou agraciá-las. Cada qual tem sua função e utilidade, assim como o grão de areia tem sua função no deserto ou na praia do mar. Punir uma manifestação seria reconhecer Sua própria falha.

Ao comprarmos uma máquina nova, o fabricante nos dá garantia desta e, se ela falhar na sua função, não foi intenção do fabricante nos punir, pois a garantia dela fará com que ele lhe restaure as funções. Sendo ele, no caso, o mais prejudicado, pois, além da reposição, ainda poderia ter seu nome comercial prejudicado e posta em dúvida a sua idoneidade. Não somos uma máquina, e a falha nunca está em Deus, está na nossa maneira de nos relacionarmos com Ele, com a vida. Na maioria das vezes, nossos ânimos e desejos não encontram ressonância nos planos traçados pela vida, pelas nossas existências anteriores. Às vezes, o que desejamos não é o que podemos ter. Quase sempre nossos desejos são saturados de egoísmo. Os da vida são saturados de grandeza, de amor e de realização plena do homem.

Na Terra, cada variedade de raça recebe, com maior ou menor intensidade, o que necessita para desempenhar e enobrecer as qualidades de sua espécie, a raça a que pertence. O grupo humano não foge à regra natural, só nos é acrescentada a liberdade de escolha, cumprindo a função para a qual fomos chamados. Ao nos harmonizarmos com as leis divinas, nos sentiremos felizes a caminho do progresso. Desprezá-las cria um ambiente vibratório individual de desarmonia, que pode chegar a atingir aqueles que nos cercam e terá ressonância de vibrações inferiores. Será que Deus criou a Terra, com todo o seu aparato animal e vegetal, somente para o desfrute do homem? O ser humano foi criado para desfrutar à custa daqueles que caminham com ele? Não! Por todos os seus atos de abuso, há a consequência de que, não compreendendo, ache que Deus lhe está sendo injusto.

Temos quase sempre nas nossas vivências buscado o significado da vida, tentando adivinhar por que razão Deus criou o homem, talvez por darmos importância demais ao que pensamos ser ou pelos sentimentos que cultivamos sobre tão importante questão. Deus é profundamente simples. Para que possamos ouvi-Lo e senti-Lo, é preciso antes de tudo ser simples como Ele. Um exemplo da simplicidade de Deus é Sua onipresença tanto no nosso Cristo quanto num verme desprezado por todos. Devemos nos despojar do cultivo da autovalorização: vaidade, orgulho e presunção, para nos tornarmos melhores. Não assumindo nossa participação no conjunto do orbe terráqueo, nos sentimos excluídos de obrigações e responsabilidades. Aí, o que acontece com o restante dos habitantes da Terra? A consequência é esta que estamos vendo: destruição e devastação do que a natureza levou milhões de anos para realizar. Não nos sentindo parte do universo, parece até que estamos aqui para usar e desfrutar, não tendo nada a responder, nem responsabilidades sobre o que acontece com a Terra e seus habitantes, se sofrem dores e misérias.

Não podemos compreender Aquele do qual estamos separados e, enquanto assim estivermos, não faremos parte do todo. Se conseguirmos participar, seremos um só. Não haverá o maior, nem o menor, meu pequeno eu se perderá diante da importância do grande todo.

Que restou, então, para mim e para minha espécie? Viver e, neste viver, conhecer e compreender minhas funções e as dos que nos cercam, compondo assim um todo harmônico. O que os irracionais fazem instintivamente, o homem deve fazer consciente e espontaneamente. Os irracionais não têm escolha, o homem pode escolher entre participar ou recusar do banquete de Deus, que é a própria vida, refletindo assim a simplicidade e o equilíbrio do macro, refletido no micro. Sem nenhuma pretensão, anterior ou posterior, ou do momento presente, pois estes são produtos do egoísmo oriundo da mente temporal. Deus é atemporal.

Deus é profundamente justo. Não há desvios nem preferências nas suas leis. Recebemos de acordo com o que fazemos. As nossas vibrações são resultado de nosso estado interior, são elas que vão proporcionar união com vibrações harmoniosas ou perturbadas, causando dor e angústia, ou felicidade. Conhecendo a Lei da Reencarnação, entendemos melhor a justiça divina. Compreendendo Deus, veremos que tudo o que Ele faz é justo, pois nada deve a ninguém. Tudo o que recebemos é graça e de graça, nada temos feito para ter crédito com Deus. Pois, por mais que façamos, é Dele o potencial, a capacidade e a oportunidade de agir. Se vivermos esta verdade, nunca passará por nossa mente a questão de Deus ser justo ou injusto."

Meu pai é meu mestre. Alegro-me muito aprendendo com ele.

12

Recuperação dos socorridos

Após a oração, começou o trabalho de desobsessão. Para nós, desencarnados, os trabalhos começam bem antes, tudo é muito bem organizado. É feita a lista dos desencarnados que vão ser orientados. E estes são trazidos do posto para o salão onde é feita a reunião. Eles ficam alguns metros acima dos encarnados. O forro e o telhado da construção material desaparecem para eles. Os trabalhadores desencarnados e eu vemos a parte material como se fosse um desenho que não atrapalha em nada. Tendo previsão de quantos médiuns virão, é feita a programação para que o trabalho tenha o melhor proveito possível. Muitos dos que vão receber a orientação por uma incorporação, ao verem o trabalho dedicado dos trabalhadores, ao escutarem as conversas edificantes, a leitura do *Evangelho* e sua explicação, já se sentem com vontade de mudar, e muitos nem precisam mais incorporar.

No sentido espiritual, para a alma em evolução, a vida material é um ambiente hostil. Justificamos, quase sempre, nossas falhas, levando em conta que a maioria age da mesma forma, alegando então que não somos santos e, assim, não podem exigir de nós uma maneira digna de agir. Dessa forma, criamos um vazio ou uma distância entre o que fazemos e o que deveríamos ter feito. É como o aluno que frequenta a escola e não se aplica no exercício de ensino, e que, no final do ano, ao fazer as provas, pode ser reprovado. Quando um desencarnado depara com um encarnado que age dignamente, sem, entretanto, ser tachado de santo, o estímulo é imediato, a visão do fato dispensa comentários dele ou de quem quer que seja. Palavras ensinam, exemplos arrastam.

Mas a maioria dos socorridos necessitava de incorporação, como era o caso de Walter e de seus companheiros, que, agitados, sentiam falta da sensação das drogas e não conseguiam entender o que realmente estava acontecendo. Foram todos incorporados. Contarei a incorporação de Walter, porque foi muito importante para mim e Elisa.

Walter foi colocado perto da médium que lhe serviu de intérprete. Na simbiose da incorporação, há uma permuta entre os dois, desencarnado e encarnado. O médium sente os dramas do desencarnado, e este absorve parte do equilíbrio do médium. Isso o faz retornar um pouco à realidade. Mas Walter não conseguiu falar direito, só balbuciou algumas palavras:

"Natan... cocaína... preciso... socorro..."

Nos dois dias em que Walter ficou no posto, meu pai e a equipe desencarnada, principalmente a dos médicos interessados no socorro dos viciados desencarnados, estudaram um modo de orientar esses irmãos imprudentes e infelizes. Iriam testar um modo de ajudá-los, e todos os trabalhadores do centro estavam esperançosos, esperando resultados positivos.

Meu pai foi falando com ele, enquanto a equipe desencarnada reforçava o que lhe era dito. Acalmaram-no. Walter foi induzido a voltar no tempo, modificando seu perispírito. Sabemos bem que isso é possível. Os encarnados têm notícias desse processo por muitos livros. O perispírito é modificável, e há muitos que sabem fazê-lo. Vimos no livro *Libertação*, de André Luiz, psicografia de Francisco Cândido Xavier, um desencarnado das trevas modificar o perispírito de muitos, na sua cidade umbralina. Vemos sempre pelo Umbral desencarnados com aparência monstruosa, em vários casos modificada por eles mesmos, para melhor assustar. Sabemos também que muitos desencarnados modificaram seu perispírito para ficar com a aparência de outros, para enganar e mistificar. Conhece-se a árvore pelos frutos. Conhece-se o desencarnado por seus fluidos, e estes não são modificáveis. Nos planos espirituais elevados também se modifica o perispírito, seja a aparência dos bons, com a finalidade de ajudar, ou eles modificam de outros que, no momento, não têm por si mesmos como mudar. Recuperam os muitos socorridos de formas monstruosas, animalescas e deformadas, deixando-os perfeitos novamente. Também podem rejuvenescer e tomar a aparência de antigas encarnações. Os desencarnados bons só usam esse processo para ser úteis. Desencarnados que sabem mudam de aparência em qualquer lugar e por muitos motivos: os bons para ajudar; os maus e brincalhões para enganar, confundir e assustar. Porém continuam a ser os mesmos.

Com Walter foi usado esse processo. Foi feita uma regressão, até que ele ficasse com a aparência da idade de meses antes de começar a se drogar. Forçando mais um pouquinho, conseguiram, com êxito, fazê-lo se sentir mentalmente como estava na aparência. Walter tornou-se um garoto de quatorze anos, gorducho, rosado e de olhar esperto. Com a aparência física de quando era jovem, não foi difícil fazê-lo assumir a sua vida passada, mesmo porque no seu inconsciente havia um desejo enorme de fugir da sua atual situação. Consolidando seu equilíbrio, assumida estava a situação. O doutrinador tem que adquirir a confiança e a amizade do socorrido. Por meio de carinho e compreensão, convidaram-no para ver a vida de um amigo que muito errou e que precisava de auxílio – nesse caso, a dele mesmo. Então foram mostrando sua autoescravização no vício e consequente sofrimento. Quase sempre, ao ter as primeiras visões do passado, já drogado, há também recusa instintiva daquelas atitudes, como também a recusa de que foi ele próprio que viveu determinadas passagens. O doutrinador deve insistir para que se concentre no personagem assistido. Em poucos instantes, ele se reconhece e começa a se desesperar e tentar assumir novamente seu estado anterior de drogado. Nesse momento é preciso muito esforço dos trabalhadores desencarnados para lhe manter o equilíbrio. O doutrinador deve ter autoridade direta sobre ele, mantendo-o no estado a que foi levado pela regressão, isto é, permanecer com a aparência física e mental de antes de se drogar. O doutrinador deve agir com muita autoridade, afeto e carinho, insistindo na sua recuperação. Com ele, Walter, que já havia sentido a harmonia do estado anterior, antes de se drogar, encontrou base para não se desesperar e assumir um novo equilíbrio, já na sua personalidade atual. Não se deve esquecer também que, durante todo o socorro, nesse processo, o equilíbrio do médium é fundamental, pois nesses momentos os dois agem como um só. Também o médium deve estar em sintonia com o doutrinador, respeitando-o e confiando na sua capacidade de dirigir os dois. Walter se analisou. Meu pai, como orientador encarnado, falou com ele, que passou a entender perfeitamente.

– Meu filho, você está numa reunião de amor e caridade. Aqui estamos tentando ajudá-lo para que seja livre. Estamos a lembrá-lo do que aconteceu, de fatos vividos por você. Você é um garoto sadio que foi experimentar drogas e a elas ficou preso. Recorde! Uma dose, a segunda, mais outra e veja como ficou. Desencarnado, você continuou, em espírito, ligado às drogas, porque a morte não nos liberta dos nossos vícios.

Walter ficou assustado. Lembrou-se de tudo, e lágrimas escorreram abundantes de seus olhos.

– Perdão, meu Deus! Perdão! – falou, emocionado. – Tenho horror em ver como fiquei! Não quero ser um trapo humano! Quero ficar assim, sadio e com raciocínio. Nunca mais me viciarei!

– Então aceita nosso auxílio? – indagou meu pai.

– Peço-o em nome de Deus! – falou Walter chorando.

– Será acolhido e orientado! – disse meu pai.

Walter foi tirado de perto da médium. Elisa pegou na sua mão e lhe disse com carinho:

– Walter, meu filho! Meu anjo!

– Mãe – disse ele. – Minha mãe!

Olhou para Elisa e não a reconheceu, mas sentiu que ela era, ou melhor, fora sua mãe. Elisa fora sua genitora na encarnação anterior.

– Sim, sou eu – disse Elisa –, sua mãe, Gertrudes.

Walter, cansado pelas emoções, adormeceu nos braços de Elisa, que se pôs a chorar baixinho de emoção e gratidão. Finalmente recuperara seu ente querido.

Esse processo tem êxito, recuperando desencarnados viciados. Tomando a forma perispiritual de antes de se viciar, tem-se força para dominar o vício. Alguns, nesses processos, não recordam o período de viciados, mas é bom que o façam para que saibam e entendam o tanto que sofreram. Todos os socorridos do Túnel Negro pediram ajuda e foram acolhidos, o tratamento continuaria. Todos foram levados a hospitais próprios, onde a ajuda psicológica seria a mais importante, juntamente com a evangelização.

Em algumas doutrinações, como a de Walter, pode acontecer de o socorrido ver tudo o que se passou com ele e não querer a ajuda oferecida, preferindo continuar no vício. A escolha é dele, todos nós temos o livre-arbítrio a ser respeitado. Nesses casos, o doutrinador ainda deve argumentar, tentando ajudá-lo a se modificar. Recusado, deve ser deixado a agir como escolheu, ser retirado do local, do centro espírita. Nesse caso, sem o sustento de bons fluidos, volta logo ao seu estado deplorável de drogado. Será numa outra ocasião socorrido novamente e, quando estiver cansado das drogas, aceitará a ajuda oferecida.

Também o doutrinador deve ficar atento para não deixar o socorrido ter remorsos destrutivos, incentivando-o a ter esperanças de vida no futuro e reparar seus erros pelo trabalho útil e no bem.

Uma convidada desencarnada que assistia à reunião indagou a Maurício, que estava ao meu lado:

– Maurício, o drogado é responsável por todos os seus atos errados? Como, por exemplo, aquele rapaz que, ao discutir com sua mãe, a empurrou com força, levando-a a cair e bater com a cabeça e desencarnar. Agindo assim sob o efeito da droga, ele é culpado?

– A intenção de um ato errado é, muitas vezes, pior que o próprio ato – respondeu o interpelado. – Ele não teve a intenção, não queria a morte física de sua mãe. Mas foi ele a causa da desencarnação. É culpado. É muito difícil um drogado não saber que age erradamente e que poderá ter, por isso, acontecimentos trágicos em sua vida. Em todos os nossos atos é levada em conta a intenção. Notamos que esse rapaz tinha na sua memória esse fato, trazendo-lhe muitos sofrimentos. Vimos também que a recuperação total dos viciados sem outras faltas é mais fácil, o que não se pode dizer de outros que, junto com o vício, têm outros erros.

Deve o encarnado pensar bem nisso antes de seguir o caminho das drogas. Nas consequências tristes que advirão, como aconteceu a esse rapaz que, mesmo amando a mãe, foi a causa de sua desencarnação."

A reunião terminou após a oração feita pelos encarnados e orientadores desencarnados, que energizaram beneficamente todo o ambiente, e também pelas pessoas presentes.

Os encarnados conversavam trocando ideias, e os desencarnados trabalhadores do centro estavam contentes com o êxito da experiência. Todos os socorridos do Túnel Negro estavam relativamente bem. Elisa levaria Walter para a Colônia Perseverança, onde trabalhava. Minha amiga, desde que soube ser ele viciado em tóxicos, pediu para trabalhar na parte do hospital onde estão os internos que se recuperam das drogas. Agora iria também cuidar dele. Despediu-se de nós, agradecida, chegou perto de meu pai e agradeceu; ele sentiu uma vibração diferente, carinhosa, que só os gratos conseguem emitir, e sorriu em resposta.

Dois trabalhadores desencarnados do centro espírita ajudaram Elisa a transportar Walter, ainda adormecido, para a colônia. Os encarnados foram embora, os desencarnados socorridos foram levados para onde deveriam ir. Houve despedidas. Voltou a rotina no centro espírita, até a reunião seguinte.

Também voltei à colônia e aos meus afazeres. Porém, sabia que não ficaria assim. Natan já havia descoberto quem entrara nos seus domínios e, raivoso, queria, no seu modo de pensar, acertar contas.

Acompanhei os acontecimentos.

13

Natan

Procurei sempre que possível ir às reuniões para seguir os acontecimentos. Quando não podia, Artur, um dos orientadores do centro espírita, amigo de muitas encarnações de meu pai, me colocava a par da situação.

No Umbral, sabe-se de tudo quando se quer. Natan, ao voltar ao Túnel Negro na noite em que lá estivemos, ficou sabendo de tudo. Falaram-lhe que um grupo de desencarnados com um encarnado ali foram e tiraram todos da fortaleza, levando com eles os que quiseram.

Nada foi danificado com a nossa excursão ao Túnel Negro, só tiramos alguns desencarnados de lá. Como Elisa previu, Natan logo soube o nome do encarnado, onde morava, quem eram seus familiares e qual o centro espírita que frequentava. Dois de seus servidores, ou seja, desencarnados ligados a ele no trabalho comum, foram observar meu pai e o centro espírita.

Na reunião seguinte do grupo foram os dois ao centro espírita levar um recado de Natan. Entraram como convidados, não se despojaram de suas armas e aguardaram o início da reunião em silêncio. Um dos orientadores da casa lhes explicou como proceder no local. Querendo conversar por meio de uma incorporação, tiveram que aguardar na fila, e só seria permitida a comunicação deles no momento previsto. Um deles, ao observar tudo, curioso, conteve-se para não chorar, ao ouvir a explicação do *Evangelho* e as orações. Quando foram chamados para incorporar, pediu ao companheiro que o fizesse. O outro, desde que entrara no centro, estava quieto e, o tempo todo de cabeça baixa, esforçando-se para demonstrar que era educado, estava seguindo as ordens recebidas de Natan. Respondeu ao cumprimento de boa-noite, quando lhe foi dirigida a palavra, ao ficar perto de uma médium. Depois, assistido e influenciado pela mente de Natan, falou para o que viera, como se fosse o próprio, como se o chefe do Túnel Negro estivesse ali.

— Meu chefe, Natan, não gostou da invasão que fizeram nos seus domínios. Sofremos uma violação e exigimos reparação. Sabemos também que essa invasão foi para atender um pedido de sua filha desencarnada, e que ela estava junto. Não sei por que se interessam por imprestáveis, já que foram lá só para pegá-los.

– Por que chama os toxicômanos de imprestáveis? – meu pai indagou.

– São outra coisa? – respondeu ele rindo. – Nem raciocinam mais! Só servem para experiências. Drogados são fracos e inúteis. Não é à toa que, quando se quer vingar-se de alguns encarnados, incentiva-se-lhes o vício e, se eles tiverem tendência, perdem-se nos tóxicos, tornando-se completamente escravos das drogas e presas fáceis de seus vingadores. Viciados são fantoches, farrapos humanos. Natan não achou ruim terem levado de lá os imprestáveis. Irritou-se por terem entrado lá sem permissão.

– Se eu tivesse pedido permissão, ele deixaria? – indagou meu pai.

– Entrar lá, não! Mas lhe daria os imprestáveis – respondeu ele, rindo cinicamente.

– Daria mesmo? – insistiu meu pai, que conversava com ele como orientador encarnado da casa.

– Ora – respondeu ele –, não todos nem tantos, talvez lhe desse alguns. É nosso costume atormentar mais ainda os que são do interesse dos bons.

Fez uma pausa.

O que esse desencarnado falou, infelizmente, é o que costuma acontecer, porém nada é regra geral. Mas é o que ocorre normalmente. Notando que alguém que está em seus domínios é do interesse dos socorristas, querem saber o porquê e o torturam. Às vezes, fazem isso achando que, com esse ato maldoso, vingam-se dos interessados. É sempre feita com cautela a demonstração desse interesse. Após a pausa, em que ele observou bem o local, continuou a falar calmamente:

– Deixemos de conversas! Natan exige a devolução de todos e desculpas com pompas. Quer a reparação! Você e seus comparsas devem ir ao Umbral em horário marcado e, na frente dos convidados dele, devem se desculpar.

– Volte e diga a Natan que não quisemos afrontá-lo. Mas, por circunstâncias particulares e justas, tivemos que ir lá. Não lhe devolveremos nenhum dos que nos pediram abrigo e, infelizmente, não faremos o que ele quer.

Todos nós, presentes, tanto os encarnados frequentadores quanto os desencarnados, sabíamos que Natan, por meio de uma ligação com o desencarnado que falava, estava vendo e ouvindo o que ocorria na reunião. Mas, como ele mandou recado, recebeu resposta para que o portador a levasse até ele. O desencarnado irritou-se com o que ouviu, porém controlou-se e respondeu:

– Quero deixar claro que ninguém estava lá obrigado. Se existiam alguns presos, foi por não cumprirem obrigações. Vocês estão arrumando confusão. Vou embora e darei o recado.

Saiu de perto da médium. Esse desencarnado falou a verdade. No Túnel Negro ninguém permanecia nos seus domínios obrigado. Os viciados iam lá à procura da droga. Os toxicômanos submetem-se aos piores vexames e situações humilhantes para obter o objeto de seus vícios.

O outro que viera junto, o que observava tudo enquanto ele falava, chegou perto de um dos trabalhadores e pediu:

– Será que vocês não me abrigariam? Gostei daqui, quero ficar.

– Certamente que sim.

Ao se afastar da médium, o outro desencarnado procurou pelo amigo e o viu na fila dos que iam para a colônia, como socorridos. Olhou para ele e não falou nada. Saiu do centro espírita e foi cumprir a tarefa que lhe foi imposta por Natan.

Como era previsto, Natan não gostou da resposta. No dia seguinte, preparou os seus servidores direito, armou-os e ordenou que fossem ao centro espírita e o invadissem. Deu ordem para expulsarem todos que lá se encontravam e quebrar tudo. Ele não foi junto, ficou no Túnel Negro.

Artur, prevendo o ataque, organizou a defesa do posto e do centro espírita e aguardaram tranquilos. Tentaram realmente invadir, mas, quando estavam perto, Artur e os companheiros saíram e foram se encontrar com eles, dominando-os pela força mental, imobilizando-os. Foram levados para o pátio, desarmados e depois foram todos encaminhados para dentro do posto, numa sala própria. Voltaram ao normal, e Artur conversou com eles. Prosearam durante horas. Puderam perguntar sobre tudo, Artur os esclareceu. Viram a colônia, pela tela, e lhes foram oferecidos socorro médico e abrigo. Depois, Artur abriu a porta da sala e disse:

— Saiam os que quiserem, só que irão sem as armas. Os que quiserem ficar conosco serão bem-vindos.

Muitos estavam indecisos. Se voltassem, seria como fracassados, não tendo cumprido a tarefa que lhes fora imposta. Temiam o chefe, mas gostavam da vida que levavam e não queriam mudar. Foram poucos os que gostaram do que lhes foi oferecido por Artur, em nome de todos os trabalhadores do centro. Muitos dos desencarnados que vagam pelo Umbral não têm ideia de outra forma de vida desencarnada e, ao conhecer, aceitam, querem essa mudança. Outros, indiferentes, querem mesmo é continuar como estão. Alguns ficaram na sala, a maioria saiu. Muitos destes foram para o Umbral, iriam vagar sem rumo, não tinham coragem de voltar ao Túnel Negro, temiam Natan. Outros, mais corajosos, voltaram para lá, e ficamos sabendo depois que não foram castigados. Os que permaneceram querendo socorro foram encaminhados para a colônia, para a Escola de Regeneração. Suas armas, feitas do mesmo material que constitui nosso perispírito, foram destruídas.

Natan mandou dois de seus servidores, de sua confiança, para ficarem perto de meu pai, e estes trouxeram outros dois desencarnados viciados, que foram induzidos a pensar que meu pai iria lhes dar drogas. Desencarnados viciados têm fluidos pesados e angustiantes. Artur levou os dois viciados para o posto do centro, onde receberam os primeiros socorros, sendo orientados na reunião seguinte, da mesma forma que Walter, e com o mesmo êxito. Artur fez um pequeno esquema especial de proteção aos médiuns e frequentadores do centro para que não fossem atingidos pelas vibrações dos seguidores de Natan, como também para as pessoas que cercam meu pai e os meus familiares. Os outros dois, meu genitor convidou-os para ficar com ele. Seguiram-no de perto, por dias.

Natan, vendo seus dois melhores seguidores em perigo, chamou-os de volta. O perigo era de que se convertessem. Meu pai ora, medita, lê e faz com que os desencarnados que estão junto dele escutem. Trata-os com bondade, porém com firmeza, e não aceita suas interferências. Apesar de isso cansá-lo muito, ele tem de estar vigilante vinte e quatro horas por dia. E essa pressão o tem feito crescer, porque esse "orai e vigiai" o faz estar em vibração maior, que atinge os desencarnados de forma diferente, levando-os a refletir e a pensar em Deus.

Natan veio encontrar-se com meu pai. Esperou-o à noite, perto do centro espírita, e deu recado a um dos guardas que queria falar com ele. Meu pai foi ao seu encontro.

– Você é um feiticeiro terrível! – disse Natan. – Não quero que nenhum dos meus companheiros seja influenciado por você. Quero uma reparação sua e tudo ficará por isso mesmo. Vá ao Túnel Negro e me peça desculpas. Abro mão do resto.

A palavra "feiticeiro" é dada para aquele que tem força mental e que tanto faz o bem como pode fazer o mal. E em tom de desprezo, querendo ofender, desencarnados que temporariamente estão seguindo o mal gostam de chamar meu pai assim, como também de indiano, porque ele, em muitas encarnações, teve a Índia como berço.

– Você tem me observado – respondeu meu pai –, deve saber que, sempre que erro, peço perdão de coração. Não é por orgulho que não lhe peço, pois não sou orgulhoso. Levo muito a sério o ato de me desculpar. Quando o faço, é porque entendo que errei e procuro não me desculpar pela segunda vez pelo mesmo ato. Isso porque, reconhecendo meu erro, me esforço para não errar mais. Não me arrependi por ter ido ao Túnel Negro e libertado não só o desencarnado que foi o motivo do socorro, mas todos os que quiseram nosso auxílio. Faria de novo; por isso, em respeito a você, não posso me desculpar.

Para nos reconciliarmos com alguém, mesmo não sendo culpado, não nos custa pedir desculpas. Meu pai, com essa atitude, estava querendo ajudar Natan. Tentava fazer com que esse espírito se voltasse para Deus.

– Atormentarei você! – exclamou ele.

– É um direito seu – respondeu meu pai. – Convido-o a ficar comigo.[16] Só que eu também tenho direitos. Você tentará me atormentar, me atingir, eu me esforçarei para não receber sua influência negativa, como também tentarei transmitir-lhe as minhas sugestões. Terá que me escutar! Será só entre nós dois. O mais forte irá influenciar o outro. E o mais forte será aquele que tiver sua vida, seus pensamentos e suas atitudes baseados na verdade. Que essa verdade não seja produto de nossos desejos, esperança ou ambição, mas, sim, independente do tempo e do espaço.

– Não sou de fugir de desafio. Vou agora ao Túnel Negro tomar umas providências e voltarei. Aguarde-me!

---

16. Anteriormente, o sr. José Carlos havia convidado dois espíritos para ficarem ao seu lado e agora convidou Natan. Para fazer isso é necessário ter muito conhecimento e boa moral. Alerto os encarnados para não agirem assim sem o preparo devido. (N.A.E.)

– Não o estou desafiando. Será um prazer conviver com você! Vamos aprender muito um com o outro.

Natan afastou-se, já havia perdido muitos dos seus seguidores e achou que só ele estaria apto a dar uma lição merecida no encarnado que, em sua opinião, o desafiara. Natan estava com raiva de todos do grupo, mas, com os desencarnados, sabia por antecipação que não podia com eles. Com meu pai era diferente, ele estava na carne, sujeito a muitos condicionamentos e melindres em razão de necessidades e funções do corpo físico, sendo, assim, mais fácil de atingir e prejudicar. Natan achou que, atingindo o encarnado, atingiria todo o grupo. Organizou tudo para que o Túnel Negro continuasse a funcionar sem ele. No outro dia, foi ao encontro de meu pai e o acompanhou de perto. Meu genitor continuou com sua vida normal de trabalhador nos planos físico e espiritual. Natan não ficou sendo obsessor de meu pai; talvez curioso e com raiva no momento, quis conhecer como era o dia a dia de uma pessoa tão diferente das com que convivera.

Natan pressionava meu pai. Forçava-o a pensar em coisas mundanas para que baixasse a vibração. Meu pai pensava em coisas superiores e forçava Natan a pensar as mesmas coisas. Ele sentia no pensamento as sugestões e desejos mundanos, porém mostrava mentalmente a Natan a estupidez e a mediocridade daqueles que usam as necessidades e funções do mundo físico como fins de suas existências. À noite, meu pai, desligado do corpo físico, ia para seu trabalho e Natan ia junto. Encaminhava-se ao posto do centro, cuidava dos doentes, conversava com os socorridos, e ele ao seu lado. E foi assim por muito tempo, até que Natan começou a se interessar pelo trabalho realizado no posto e começou a falar de si. Atenciosamente meu pai o escutou.

Natan foi médico quando encarnado. Querendo enriquecer, usou a medicina somente como profissão para ganhar dinheiro. O trabalhador faz jus ao seu salário, mas nenhuma profissão deve só visar ao lucro material, e sim, fazer por meio dela todo o bem possível. Médicos lidam com dores e devem ser mais humanitários. Trabalhar, sim, pelo sustento material, mas não esquecer de fazer aos outros o que queria que lhe fizessem. Natan fez muitos abortos, dava receitas de remédios proibidos, desde que lhe pagassem a consulta. Mas a desencarnação chegou, e ele se viu diante de muitos inimigos que queriam vingança. A desencarnação o apavorou demais, primeiro porque era ateu, segundo porque aquele bando o atormentava sem poder destruí-lo. Queriam vingar-se por tê-los impedido de reencarnar e outros por não terem sido atendidos porque não podiam remunerá-lo. Estava irado quando foi tirado de seus perseguidores. Uns desencarnados, moradores de uma cidade umbralina, vieram e o levaram. O chefe dessa cidade sabia quem era ele, mas deixou que sofresse por uns tempos para que ficasse lhe devendo obrigação. Natan não é o nome verdadeiro dele, escolheu esse cognome tempos depois, talvez para impor mais respeito a seus inferiores. Levado à cidade umbralina, o chefe conversou com ele e lhe ofereceu abrigo em troca de seu trabalho como médico. Natan não era ocioso, sempre foi trabalhador. Aceitou, aliviado por ficar livre do bando que o perseguia, e aprendeu muitas maldades. O chefe desse local, querendo organizar um lugar especializado em tóxicos, fundou o Túnel Negro e o colocou para administrá-lo. Com o passar dos anos, o chefe se desinteressou pelo lugar e Natan ficou sendo o senhor absoluto.

De fato, o Túnel Negro não força ninguém a ficar lá nem seus moradores saem à procura de desencarnados para irem lá. São os viciados desencarnados que lá vão em busca das drogas. Só que, depois de serem abrigados, têm de seguir as normas da casa e trabalhar para eles. Existem muitos lugares, abrigos, cidades no Umbral, para onde muitos desencarnados viciados são levados obrigados e lá permanecem como prisioneiros. Como também há outros lugares, como o Túnel Negro, para onde os desencarnados não são obrigados a ir e nem a permanecer. São lugares de livre acesso. Mas Natan era insatisfeito e isso lhe doía e o atormentava.

Houve troca de fluidos entre eles. Meu pai começou a sentir os de Natan, sentindo doer por dentro. Era um vazio profundo. Um dia meu pai estava meditando e Natan estava perto; meu genitor disse a ele:

– Natan, é falta de Deus! É a ausência do Pai em você que lhe dói. Você era ateu. Não pode dizer agora que ainda o é. Por que você não se aproxima do Pai?

Natan não respondeu e se afastou. Depois de meses, era a primeira vez que se afastava. Recolheu-se num canto no Umbral e pôs-se a pensar. No dia da reunião, quase no horário de começar, ele entrou no centro, pediu licença e se colocou na fila dos que iam receber orientação pela incorporação. Estava diferente, sem seus colares e suas armas.

Na sua vez de se comunicar, aproximou-se educadamente de uma médium, cumprimentou meu pai e disse:

– Você me venceu!

– Não! Você, Natan, não lutou comigo. Mas lutou consigo mesmo. Era a ausência de Deus que o atormentava. Você era infeliz, e o convidamos a aprender a ser feliz. Fico contente por você querer mudar. Gosto de você! Venha viver uma vida digna de um espírito.

– Quero ser seu amigo! – exclamou Natan emocionado.

– Sejamos então amigos! Preciso muito de amigos.

Natan foi levado para a Escola de Regeneração. Após ter feito o curso, foi trabalhar num posto de socorro do Umbral, onde exerce seus conhecimentos de medicina em socorro aos necessitados. Sempre que pode vai visitar meu pai e assistir às reuniões. Trabalha muito. Artur, sempre que o vê, costuma dizer de forma carinhosa:

"Ama muito, porque foi muito perdoado!"

Artur fez uma modificação do texto do *Evangelho de Lucas,* VII:47: "São lhe perdoados muitos pecados, porque muito amou".

14

O médico nazista

Quando fomos assistir à recuperação de Walter, na reunião do centro espírita, defrontamos com um caso muito interessante que me chamou a atenção, e acompanhei o desenrolar do drama.

Estávamos aguardando o início, quando vimos chegar três encarnados: um casal com sua filha adotiva. O casal, principalmente a senhora, queixou-se que a mocinha, a filha, continuava tendo suas crises.

Artur me explicou que Joana, assim se chamava a jovem, era médium e estava sendo obsediada por alguns desencarnados que haviam sido suas vítimas no passado. Tinha crises em qualquer hora e lugar. Estava procurando meu pai, em horários inoportunos, para lhe dar passes, porque só assim se acalmava.

Minha mãe foi sentar-se ao lado dela, porque, conforme me explicaram, logo que entrava no centro, começavam suas crises. Minha mãe tinha que fazer força para segurá-la. Seus obsessores possuíam sobre ela o domínio psíquico, mesmo a distância. Eles queriam que sofresse, pois ela os havia prejudicado.

Gosto muito de ver minha mãe, amamo-nos muito. É a pessoa de quem mais gosto e, sempre que me é possível, vou vê-la, ficar ao seu lado me é prazeroso.

Joana é uma mulata forte, de olhar malicioso, demonstrando não estar a fim nem de orar, nem de melhorar. Ali estava por imposição dos pais e para ficar livre de suas crises, que considerava ridículas e que lhe faziam passar vergonha. O obsessor-chefe era inteligente e sutil. Como ela tem a natureza maldosa, ele passou a incentivá-la a fazer uso da maldade, chegando a ponto de incorporar e tentar matar a mãe e o pai. Fazia com que descuidasse completamente da disciplina pessoal e dos compromissos próprios de sua idade para envolvê-la no seu ardil. O desencarnado dava-lhe conhecimentos do passado das pessoas para que ela dominasse as mais fracas que a cercavam.

Quando seus pais a convidaram para ir até a casa de meu pai, o obsessor aceitou, porque confiava que iria dominar qualquer encarnado com que defrontasse, sentindo-se, assim, mais forte no seu orgulho e pretensão. Vencidos os primeiros embates, o obsessor sentiu-se admirado pela força que desconhecia e quis aprender com eles, com o grupo do centro, não para melhorar, mas para ficar mais poderoso.

Artur me pôs a par dos acontecimentos. Joana, em sua encarnação anterior, fora um médico nazista e fizera muitas maldades e experiências com os judeus. Reencarnou longe da Alemanha, num corpo feminino e mulato, mas mesmo assim foi encontrada pelos que não a perdoaram. Sabiam que ela comparecia ao centro para se livrar deles, os obsessores. Sorrindo, com seu modo agradável, Artur comentou:

— Patrícia, seu pai, por ajudá-la, está sofrendo com o rancor desses obsessores. Mesmo assim, está ajudando essa mocinha, embora sabendo que ela não gosta daqui nem dele e que, assim que se sentir liberta desses desencarnados, não voltará mais. Socorremos para mostrar aos encarnados a força espiritual de que dispõe um centro espírita, desde que trabalhe em prol do bem comum e também porque vieram pedir ajuda.

Prestamos atenção na orientação que meu pai deu aos três encarnados: pai, mãe e filha.

— Ficamos livres do nosso passado trabalhando no bem, no presente. Para ficarmos livres de obsessores, devemos pedir perdão, perdoar e nos harmonizar com as leis divinas. Devemos entender que os desencarnados têm seus motivos para perseguir os encarnados, devemos entendê-los e tentar amá-los. Eles também necessitam de ajuda. Para não sermos atingidos pelos obsessores, devemos mudar nossa vibração, sair da faixa mental deles, isto é, pensar em coisas boas e superiores e agir de modo digno. Trabalhar no bem e amar muito. Vocês, aqui, estão em busca de auxílio, porém devem ajudar a si mesmos. Certamente, quando você se sentir bem, não voltará mais aqui. Porém, quero lhe dizer uma coisa: você, Joana, é médium, necessita aprender a lidar com sua mediunidade e trabalhar muito para o bem, para viver tranquila, sem essas crises. Mas, se você se afastar do centro espírita e não se modificar, essa situação que vive agora voltará. Porque os centros espíritas estão mais bem preparados para ajudar nos casos de obsessão, ensinando a lidar com a mediunidade para o bem, e neles ouvirá ensinamentos que a ajudarão em sua renovação interior.

Joana não gostou muito do que ouviu, mas ficou quieta.

Quando começou o trabalho de desobsessão, três dos que a estavam obsediando se comunicaram. Os três foram judeus, ou ainda eram, pois o fator raça era ainda forte neles. Eram dois homens e uma mulher. O primeiro estava sem um braço e sem o olho esquerdo. Cumprimentou-os mal-humorado, não queria conversar com ninguém, foi para perto do médium contra sua vontade e falou com raiva:

— Por que interferem em algo justo? Embora tenham outra religião, vocês amam a Deus. Nunca tinha ouvido falar de religião desse jeito. Oram, dizem fazer o bem, conversam com os mortos, mas ajudam os criminosos. Isso não está certo. Por que o ajudam, a esse monstro sanguinário?

O desencarnado desconhecia o Espiritismo, estranhou o intercâmbio mediúnico. Desconhecia que para o Espiritismo todos somos filhos de Deus e irmãos uns dos outros.

— Se eu lhe disser que o que queremos é ajudar você... – disse meu pai, e foi interrompido por ele.

— Ah, mas por que não nos avisaram logo que querem se unir a nós? Quanto mais, melhor!

— Você não entendeu, queremos ajudá-lo a se recuperar, a tornar-se sadio, a viver de modo digno, num lugar propício.

— Quem lhe falou que quero ser sadio? – indagou nervoso. – Já me propuseram isso uma vez e não aceitei. Quero ficar como ele me deixou para ter sempre motivo para odiá-lo.

— Você sofre e faz sofrer – disse meu pai.

— Nem começamos. É melhor dizer: sofremos e faremos sofrer mais – respondeu ele.

– Não vale a pena! Você já pesquisou por que sofreu assim? Se sabe que continuamos a viver após a morte do corpo, que reencarnamos, por que o está perseguindo em outro corpo? Então sabe que viveu encarnado outras vezes. Vamos, irmão, recordar seu passado?

A equipe desencarnada, já pronta, colocou à sua frente a tela, que é como na região chamam esse aparelho. Ele é chamado de muitas formas, há algumas diferenças de um local para outro, mas é o mesmo e muito útil. Esse desencarnado, na encarnação anterior, também como judeu, havia numa guerra trucidado muitas pessoas, entre elas jovens e crianças. Ao recordar, deu gritos alucinantes, mas o médium, treinado, só gemeu. Isso porque não necessitava gritar. Esse desencarnado foi acalmado e com dificuldade voltou a falar.

– Olho por olho...

– Não, meu amigo – disse meu pai. – É a lei do retorno: você plantou, você colheu. Você não precisaria sofrer isso se tivesse entendido a lei do amor e feito o bem.

– Ela também colherá pelo que fez? Pelo que entendi, se ela não fizer o bem, sofrerá o que fez sofrer. Você não irá conseguir fazer dela uma pessoa boa. Que será dela?

– Deixe-a, irmão, deixe-a! Cuide de você. Vamos recuperá-lo, pense em Deus. O Pai é bondoso e nos ama.

A equipe médica entrou em ação com os fluidos doados pelos encarnados e também pela vontade dele, que agora queria tornar-se sadio. O braço faltoso ficou perfeito, como também o olho.

– Perdoe, irmão, para ser perdoado!

– Como não perdoar, se devo tanto? Perdoo e peço perdão a Deus. Queria ir para o plano espiritual de minha terra.

– Atenderemos a seu pedido.

Ele saiu de perto do médium e passou para outra fila, a dos que iam para a colônia. Após a reunião, seria levado à Colônia São Sebastião por uns dias e, depois, seria transferido para onde quisesse. Uma equipe da colônia o levaria.

Normalmente, reencarnamos entre muitas raças, para aprender a amar todas. Mas, sem ser regra geral, alguns judeus mais radicais ainda têm preferido vir sempre como judeus, que esperam o Messias, pois se julgam os filhos de Deus, o povo de Deus, e são, realmente, como todos nós. Não somos privilegiados pela raça. Esses desencarnados, totalizando onze, estavam há algum tempo no plano espiritual do Brasil, à procura, para se vingar, desse espírito que fora um médico nazista. Já começavam a dominar o idioma português. O médium que o recebeu, sempre consciente, não precisou falar com sotaque, porque transmite o pensamento do outro nestes casos, sentem mais do que propriamente repetem o que escutam.

A mediunidade, quando trabalhada, é maravilhosa. Assim ele, judeu, transmitiu pensamentos que o médium traduziu em palavras.

O outro judeu foi incorporado em outra médium e doutrinado por um dos membros encarnados do grupo. Lídia conversou com ele e o fez entender a necessidade de perdoar e seguir seu caminho. Ele, porém, quis ficar no plano espiritual do Brasil e, quando fosse reencarnar, queria que fosse aqui. Não queria mais ser judeu, porque, segundo comentou, os judeus sofriam muito. Normalmente, esses pedidos são atendidos, porém são levados ao departamento próprio da colônia, onde é estudado cada caso.

A mulher incorporou. Parecia fria, porém, sentindo o afeto dos trabalhadores da casa, encarnados e desencarnados, segurou-se para não chorar e disse com voz comovida:

– Não sou má, ele, sim, é maldoso! Esconde-se em outro corpo, mas é ele. Pensa você que ela é boa? Não! "Nos" enfrenta e, se pudesse, nos faria sofrer tudo novamente. Você acha que é por obsediá-lo que somos maus? Somos vítimas! Vou falar o que ele fez comigo e, então, me dará razão.

Fez uma pausa como se criasse coragem para recordar e começou:

– Estava casada e feliz, tínhamos uma pequena fortuna e dois filhos lindos. Quando a Segunda Guerra Mundial começou, nos apavoramos, porque sabíamos muito bem que os alemães perseguiam os judeus. Meu esposo alistou-se no exército, na tentativa de impedir que os alemães tomassem o país em que vivíamos. Desencarnou lutando. Quando houve a invasão alemã em nossa cidade, fomos presos e nossos bens, confiscados. Da prisão partimos para o campo de concentração. Sofremos muito: frio, fome e humilhações. Nesse campo havia um laboratório onde esse médico medonho e outros faziam experiências ou simplesmente torturavam os prisioneiros pelo prazer de vê-los sofrer.

"Vendo meus filhos chorarem de fome e frio, vivendo com muito desconforto, resolvi pedir clemência. Disse a um soldado que queria falar com o comandante. Para minha surpresa, ele me atendeu e me levou à sua sala. Quem me recebeu foi ele, o médico nazista, que me olhou de cima a baixo e me indagou:

'Então, judia, o que reivindica?'

Pensando que ele iria me ajudar, falei rápido para não perder a coragem:

'Por favor, senhor, aqui estou com meus dois filhos pequenos, passamos fome e frio.'

'Se você se entregar a mim, intercederei por vocês' – disse rindo.

Sempre fui muito direita, fiel ao meu esposo. Pelos meus filhos, aceitei a proposta indecente. Depois, quando pensei que fosse me dar o privilégio que aguardava esperançosa, ele mandou que um soldado fosse buscar meus filhos. Achei que pela felicidade dos meus teria valido o sacrifício, quando meus dois filhos chegaram assustados e correram ao meu encontro. O mais velho estava com quase sete anos e o outro, com quatro. Gelei quando ouvi a ordem:

'Leve-os ao laboratório!'

Era no mesmo prédio, na sala ao lado. Cada soldado pegou um de nós e para lá fomos arrastados. Amarraram-me fortemente numa cadeira, e ele, cínico, me olhou sorrindo:

'Idiota! Judia imbecil! Pensou que eu iria me encantar por você? Verá para que serviu sua astúcia em me pedir auxílio.'

Pedi a ele, por piedade, pelo amor de Deus, que fizesse o que quisesse comigo, mas que não judiasse dos meus filhos. Ele ria. O que ele me fez ver foi horrível. Torturou meus filhos, cortou-os em pedaços até que desencarnaram. Eles gritavam apavorados, olhando para mim. Eu gritava também. Quando os dois desencarnaram, veio me torturar. Começou extraindo minhas unhas. Fiquei alucinada e, aí, perdi o controle, pois a dor era demais. Ele não me torturou muito, desencarnei, meu coração não aguentou. Fui socorrida e fiquei muito tempo louca. Quando voltei ao normal, me falaram da possibilidade de vingança. Quis com todas as minhas forças me vingar."

Faço uma pausa na narrativa dessa desencarnada para algumas explicações. Nos campos de concentração, como em qualquer lugar de extermínio humano, há muitos socorristas, como também há muitos desencarnados que agravam os acontecimentos. Mas também costumam ficar outras vítimas a socorrer outras. Essa senhora foi socorrida por outros judeus que ali desencarnaram. Ela não foi socorrida por espíritos bons, porque estava com muito ódio. As crianças e aqueles que perdoavam eram levados às colônias ou a lugares de socorro. Os que eram vítimas, tanto quanto ela, a socorreram, levando-a para um pequeno abrigo no campo de concentração, no plano espiritual e, quando ela aparentemente estava melhor, foi convidada a se vingar. Como é triste a guerra, quantas atrocidades se cometem. Vamos desejar a paz, vamos nos esforçar para ter paz, começando tendo tolerância e concórdia com os que nos cercam. A paz começa em pequeno círculo e, se a cultivarmos, vai se ampliando e atingindo outros. Aumentando sempre, um dia teremos a paz por toda a Terra. E fatos como esse, muito tristes, ficarão na história sem a possibilidade de repetição.

A senhora, emocionada, continuou a falar.

– Ficamos perto dele sem, contudo, conseguir nossos propósitos. Ele ficava mais nervoso e descontava nos prisioneiros. Mas a desencarnação chegou para ele, foi atingido por uma granada. Desencarnou sofrendo muito. Aí, sim, nos vingamos. Nós o perseguíamos por onde ia, e ele vagava urrando pelo Umbral. Até que se pôs a gritar por socorro e sumiu da nossa frente. Vim a saber que desencarnados bons o tinham levado para ajudá-lo. Nós não fomos socorridos, não queríamos, nosso objetivo era fazê-lo sofrer. Durante esse tempo, muitos desencarnados bons conversaram conosco, aconselhando-nos a desistir. Escutamos somente nossos afins. Muitos do grupo desistiram e foram embora. Ninguém se esconde de seus erros nem dos que não o perdoaram. Enquanto esperávamos, aprendemos como nos vingar. Anos se passaram e viemos a descobri-lo. Agora querem que eu desista? Por acaso aqui há mães e pais? Será que podem imaginar o que é ver o que eu vi? Sofrer o que sofri? Dá para imaginar ver seus filhos amarrados, gritando de dor e desespero? Odeio-o! Odeio-o!

Fez-se um silêncio total. Todos os desencarnados prestaram atenção, muitos, ao ouvi-la, conseguiram ver suas lembranças. Alguns choraram. Os encarnados também se comoveram. Ela sentiu os fluidos de amor e compaixão de todos. Uma das trabalhadoras desencarnadas da casa aproximou-se dela, abraçou-a e falou emocionada:

– Minha filha, pare de sofrer! Por favor, recomece sua vida. Também sou mãe e entendo seu sofrimento. Compreendo seu desejo de vingança, porém lhe digo que esse desejo vai perpetuar seu sofrimento. Venha para junto de seus amados. Não sofra mais! Chega! Perdoe e venha conosco. Amarei você como a uma filha! Venha!

– Minha irmã! – falou meu pai. – Se ele reencarnou, por que você parou no tempo só para se vingar? Por que não recomeça e tenta ser feliz? Devemos esquecer todos os momentos que nos foram cruéis e só lembrá-los para tirarmos lições. É bem melhor recordar só os bons momentos. Você é infeliz! Recordando sempre esse fato, prolonga mais seu sofrimento. Você acredita em Deus e, se Ele nos perdoa, por que você não perdoa o próximo? Sabe que nada que acontece fica escondido ou impune. Deixe ele, agora ela, em seu novo corpo, e cuide de você. Perdoe para ser perdoada!

– Quero esquecer! Esquecer!...

Aninhou-se nos braços da trabalhadora da casa, que a abraçou. Foi levada adormecida para a colônia. A reunião terminou com todos comovidos pelo sofrimento daquela senhora, e eram muitas as orações em seu favor. Emocionei-me também, acompanhei suas lembranças, foram realmente cenas de horror.

Talvez vocês, ao lerem, pensem que retrato muitas tristezas neste livro. É que as tristezas e as alegrias existem e devemos ser realistas. Devemos tirar de fatos tristes lições preciosas que nos ajudarão a nos impulsionar com otimismo para o caminho do bem e para a felicidade. Precisamos, ao tomar conhecimento de fatos assim, entender ambas as partes e ajudar sem condenar. Devemos ser alegres, sou alegre, passo minha alegria aos que me rodeiam. A alegria nos fortalece, nos anima e nos dá compreensão da dor do próximo.

Aquela senhora foi internada num hospital da colônia, onde recebeu, por tempos, tratamento, carinho e ensinamentos. A equipe da colônia encontrou seus dois filhos e esposo encarnados na Europa e a levou para vê-los. Estavam os três bem. Depois de algum tempo, ela pediu para ser transferida para a colônia, no plano espiritual, onde estão seus entes queridos. Estando bem melhor e com planos para reencarnar, porque só assim esqueceria tanto sofrimento, foi transferida. Despedi-me dela, desejando-lhe boa sorte.

Mas ainda faltavam oito obsessores. Foram sete orientados e ajudados nas reuniões seguintes. Cada um deles, uma história triste. Desses onze que estavam com Joana, querendo se vingar, dez foram socorridos e só um pediu para trabalhar no plano espiritual. O restante pediu para reencarnar, queriam, por misericórdia, o esquecimento. Foram todos atendidos.

Mas o chefe desses dez desencarnados, de nome Josef, era um judeu rude que, logo que viu os três primeiros irem embora, voltou-se furioso contra meu pai. Como sempre acontece, ele sentiu a pressão de Josef e também tentou orientá-lo.

Artur soube que esse grupo tinha seu núcleo na Europa e foi para lá, para conversar com eles. Eram vingadores dos criminosos de guerra que se intitulam "Os Ofendidos da Guerra". São muitos os grupos, todos unidos entre si. Artur pediu uma audiência com o chefe, um judeu de muitos conhecimentos.

Após cumprimentos, Artur nos contou que esse chefe tinha total conhecimento do que acontecia com seus subordinados, com Joana, e não deixou que ele, Artur, falasse muito. Citava com exatidão trechos do *Antigo Testamento*. Sabia a *Bíblia* quase que de cor. Falava de muitas passagens para justificar a vingança.

– É olho por olho, dente por dente! – falou, demonstrando calma.

Artur replicou com os ensinamentos de Jesus. Ele disse não acreditar num profeta que se deixou matar. Mas, após alguns minutos de conversa, confessou que reconhecia a força e a presteza dos trabalhadores de Jesus.

Artur lhe pediu que parasse de se vingar; ele riu, mas aquietou por momentos e, após, falou decidido:

– Não é do nosso interesse nos defrontarmos com ninguém. Temos tempo. Vou suspender a vingança por enquanto. Chamarei Josef, o único que ficou e que é forte nos seus objetivos. Só que o aviso: teremos outra oportunidade. O mais difícil, conseguimos. Sabemos onde ele está, que se esconde num corpo de mulher quase negra. É castigo para ele, orgulhoso de sua raça, ter sido loiro e rico, e agora ser quase pobre, mulher, mulata e filha adotiva. Acharemos outros que o odeiam. Ele certamente não ficará para sempre na guarda de vocês, porque não mudou muito.

De fato, Josef foi embora e Joana ficou livre dos seus obsessores, não, porém, de seus erros. Meu pai chamou-a e a seus pais para uma conversa.

– Vocês vieram à procura de ajuda espiritual e a receberam. Analisem o ocorrido e tirem boas lições de tudo o que lhes aconteceu. Esses fatos são, em parte, consequência do passado e o resultado de uma maneira de viver sem esforço de melhoria íntima. Você, Joana, está com sua sensibilidade completamente aflorada, isso quer dizer que você tem a porta aberta para receber influência do mundo astral, sem, entretanto, poder discipliná-la. Irá ter influência e sintonia boas por meio de boas atitudes e de bons propósitos. E muito mais dos maus, se se descuidar do seu aprimoramento espiritual. Se você se afastar do bem, da oração sincera, e não se esforçar para mudar para melhor, não podemos nos responsabilizar pelos acontecimentos futuros. Afastando-se do centro espírita, tudo pelo que passaram certamente se repetirá.

Joana não estava preocupada com o aprimoramento espiritual. Queria era força e poder. Queria dominar. Indagou a meu pai:

— Sr. José Carlos, posso aprender com o senhor?

— Claro que pode. Deve!

— Vou ter essa força que o senhor tem?

— Poderá ter esta e muito mais. Mas, para isso, deve primeiramente se educar na boa conduta e fazer por merecer a companhia desses trabalhadores desencarnados que convivem conosco. Mude para melhor e queira com vontade fazer o bem. Agindo assim aprenderá, e muito.

Joana não respondeu. Sentindo-se melhor, afastou-se. A mãe ainda voltou outras vezes, mas também se afastou. Artur me disse:

— Patrícia, nesse socorro, ajudamos mais os desencarnados que essa mocinha. Ela, agora, corre de seu pai. Se o vê de longe, se afasta para nem cumprimentá-lo. A figura dele a faz recordar os ensinamentos que escutou e que quer esquecer.

— Como ficará ela? – indaguei.

— Vamos aguardar para ver. Os erros, Patrícia, não os jogamos fora, eles nos pertencem, e um dia a reação virá. Quando o grupo de vingadores perceber que ela não está mais sob a proteção dos bons, voltará, talvez, como tenho visto, com mais sutileza e cautela. Ela, não vindo aqui nem indo a outro grupo, não estará vinculada a uma proteção e, como não faz por merecer nenhuma ajuda, será fácil eles voltarem e se vingarem. Ele, o médico nazista, já foi socorrido quando estava no Umbral com aqueles que queriam se vingar, sendo levado na ocasião para um posto de socorro, e logo em seguida reencarnou. Socorro não quer dizer que o indivíduo mudou, pode receber orientação, mas para mudar é necessário uma transformação interior muito grande.

Fiquei a pensar como a crueldade faz mal ao cruel. Quanta imprudência em cometer erros. E a reação desses erros reajusta no caminho. Como Deus é misericordioso, dando-nos outras oportunidades.

Ao findar esta narrativa, concluí que todos nós, encarnados e desencarnados, temos uma versão diferente para um fato ocorrido. Que todos nós temos que aprender a amar, a ser úteis para termos paz e sermos felizes. E que a alegria interna virá quando superarmos nossos traumas íntimos e ajudarmos outros a fazê-lo. Alegria!

15

A história de Elisa

Numa das minhas folgas, fui visitar Elisa. Queria rever minha amiga e tinha muito interesse em acompanhar a recuperação de Walter. O desequilíbrio psíquico causado pelo uso das drogas traumatiza de forma profunda o perispírito do usuário. Atualmente, esse vício atinge boa parte dos nossos jovens encarnados, trazendo a morte corporal deles e levando-os a voltar à espiritualidade com muitas mazelas. O caso de Walter era de meu particular interesse pelo socorro do qual participei e pelo muito que aprendi. Marquei encontro em meu horário livre, de lazer, coincidindo com o de Elisa, para podermos conversar trocando ideias. Gosto muito de diálogos edificantes. Ela esperava-me na portaria do hospital onde, no momento, trabalhava e onde Walter estava internado. Alegramo-nos por nos ver.

— Patrícia! — exclamou Elisa, feliz. — Programava ir vê-la. Que bom tê-la conosco! Quero agradecer-lhe. Foi muito atenciosa conosco.

Sorri em resposta, e, como boa cicerone, minha amiga acompanhou-me para conhecer o hospital.

Quase todas as colônias têm um hospital próprio para viciados em álcool, tabagismo e tóxico. Em algumas outras colônias, esses doentes ficam em alas separadas, em hospitais tradicionais.

Na Colônia Perseverança, esse hospital é separado, grande e com muitos trabalhadores dedicados que ajudam na recuperação dos desencarnados viciados.[17] Lugar calmo, com muitos jardins, salões para palestras e encontros; suas principais terapias são o trabalho, a música e o teatro. São muitas as enfermarias, separadas em alas masculinas e femininas e pelo tipo de vício que o interno possui.

Primeiramente vimos a parte central onde estão as salas de orientações, os alojamentos de seus trabalhadores, a biblioteca e os salões. Após, Elisa me levou para conhecer o atendimento aos desencarnados que, no corpo físico, foram fumantes. Estes, se tinham só esse vício, não

---

17. Muitos desencarnados estão tão agarrados à matéria que se sentem por muito tempo como encarnados, daí a minha referência a "desencarnados viciados". (N.A.E.)

ficam internados, só vêm ao hospital para serem ajudados a se libertar da vontade de fumar. Só em casos raros é que um ex-fumante se interna, só se ele pedir, mesmo assim é sempre por pouco tempo. Intoxica-se muito o perispírito com o tabagismo. Nessa parte é dado um tratamento para que se liberte da dependência. O ex-fumante recebe conhecimentos sobre o assunto, orientação e apoio que o ajudarão a vencer essa dependência. Mas só o conseguirá se, reencarnado, tendo oportunidade, não fumar. Ressalvo o termo oportunidade, porque, se encarnado, por algum motivo, não puder fumar, não quer dizer que poderá ou não fazê-lo. Isso ocorre com todos os vícios, só podemos dizer que os vencemos quando temos oportunidade de voltar a eles e os repelirmos.

A ala dos alcoólatras é grande. O álcool danifica o cérebro e o aparelho digestivo, e são muitos os doentes a se recuperar em vários estágios nessa parte do hospital. Os internos, quando melhoram, assistem a muitas aulas, fazem terapia de grupo e avaliam todos os acontecimentos por que passaram decorrentes do vício e as oportunidades de melhora oferecidas.

A parte que nos interessava era a que Elisa se dedicava, com todo o carinho, à ala dos toxicômanos. Essa ala, desse hospital e dos hospitais de todas as outras colônias, tem sido ultimamente ampliada, pois infelizmente são muitos os imprudentes que desencarnam vítimas das drogas, direta ou indiretamente. Os que estão ali socorridos têm aspecto bem melhor do que os que vagam ou os que estão no Umbral. São separados pelo grau de perturbação em que se encontram. O tratamento normalmente é longo, requerendo esforço do internado e muita dedicação e amor dos trabalhadores do hospital.

Não pensem os leitores que nesses hospitais só se veem tristezas. Nada disso. Tristeza é sentimento negativo. Não ajuda e de nada serve, construímos e progredimos com o trabalho alegre. Os trabalhadores desse hospital têm sempre no rosto o sorriso bondoso e agradável, a palavra amiga e o amor que irradia e contagia os internos. Ali esses abrigados temporariamente se sentem seguros, incentivados, amados e com disposição para se recuperar.

O hospital da Colônia Perseverança é muito bonito e acolhedor. Elisa me levou à ala onde Walter estava abrigado. Ele nos esperava no jardim interno que circunda a parte de sua morada provisória. Recebeu-nos sorrindo e estava com aparência sadia, com normal equilíbrio.

– Patrícia – disse ele sorrindo –, queria tanto conhecê-la e agradecer. Obrigado!

– De nada – respondi. – Como tem passado?

– Melhoro, graças a Deus e ao pessoal do hospital. Vou ficar bom logo.

Walter estava com a aparência de adolescente, como foi deixado na reunião do centro espírita. E continuaria assim, porque queria a aparência que tinha antes de se drogar. Isso lhe dava mais confiança. Outros, após o tratamento no hospital, podem, se quiser, retomar a aparência de quando desencarnaram, só que sadios.

Sentamos os três num banco e fizemos alguns comentários. Elisa falou alegremente:

— Estou gostando muito de trabalhar neste hospital. Para cá vim por Walter e agora não penso em deixar este local de trabalho. Quando Walter tiver alta, ficarei; já decidi e obtive autorização. Vou estudar, aprender para melhor servir nesse campo de ajuda. E você, Patrícia, quais são seus planos para o futuro?

— Como você sabe, gosto muito de ensinar. Logo Marcela, a quem substituo, retornará a seus afazeres. Devo voltar à Colônia Casa do Saber, continuar meus estudos e trabalhar passando meus conhecimentos a outros desencarnados.[18]

---

18. A Colônia Casa do Saber, que descrevi no terceiro livro, *A Casa do Escritor*, é onde moro atualmente, época em que escrevo este livro. E tenho planos de ficar por muitos anos, vindo, assim, raramente à Terra, e não ficando com os encarnados. Foi uma opção que fiz, atendendo a convite de superiores. É tarefa que faço com muita alegria, porque somos sempre os beneficiados pelos trabalhos que fazemos. Devemos participar de todas as tarefas com muito regozijo e amor. Dessa forma, tudo o que fizermos será bem feito. (N.A.E.)

Admirei o banco em que nos sentávamos, era muito bonito e de contornos diferentes. Notando, Walter explicou:

– Esses bancos são feitos por internos nas nossas oficinas.

– O trabalho é de grande ajuda e uma das melhores terapias para nossos abrigados – disse Elisa, olhando carinhosamente para Walter. – Mas não só para eles, e sim para todos os encarnados e desencarnados. O trabalho é bênção. Corpos e mentes ociosos estão com as portas abertas aos vícios, e o trabalho que nos mantém ocupados nos abre outras portas opostas a eles. Aqui nas nossas oficinas se faz muita coisa.

No plano espiritual, tudo pode ou poderia ser plasmado. Mas os que sabem plasmar são poucos e necessita-se de tempo e de muito aprendizado para fazê-lo. O trabalho é uma graça que ajuda muito a todos nós, encarnados e desencarnados. No plano espiritual precisa-se muito desse benefício, e existe trabalho para todos os que quiserem, das formas mais simples às mais difíceis de serem realizadas. Muitos desencarnados que trabalham ainda estão apegados à vivência encarnada e lhes é dado o bônus-hora. Os que já superaram esse apego entendem o porquê do trabalho, não recebem remuneração. Alguns encarnados que já trabalham sem esse apego, recém-chegados ao plano espiritual, participam da vida desencarnada trabalhando pelo amor ao trabalho, não recebendo nada em troca. No hospital, os internos que trabalham recebem o bônus, mas são poucos os trabalhadores que servem no hospital e que os recebem. Há muito tempo que não os recebo. Mas lembro-me da minha alegria quando recebi meu primeiro bônus. Foi uma euforia ser útil e ter uma recompensa. Agora, minha alegria é ser útil. Não almejo recompensas.

Quietamo-nos por alguns segundos. Meus pensamentos vagaram pela trajetória vivida por pessoas como Walter. Suas existências, até serem socorridas, são uma verdadeira tragédia. Elisa quebrou o silêncio.

— Patrícia, você não pode imaginar o tanto que sonhei, por todos estes anos de desencarnada com este momento. Estar assim com meu Walter, em plena recuperação. Sou muito grata a Deus por esta oportunidade.

Fechou os olhos por momentos e depois começou a falar com sua voz suave.

— Tudo começou em nossas encarnações anteriores, em que fomos unidos pelo afeto maternal. Fui mãe dele, meu nome era Gertrudes. Nasci e cresci num bordel de uma cidade pequena. Tornei-me prostituta logo mocinha. Aos vinte anos, tive um filho, José, que é Walter agora. Até os seis anos, minha avó, que morava ali perto, cuidou do meu filho. Quando ela desencarnou, ele veio morar comigo. Mimei-o demais, dando-lhe tudo o que queria. Às vezes, justificava meu modo de viver falando que tudo o que eu fazia era por ele. Menino ainda, começou a tomar bebidas alcoólicas, achei linda sua atitude.

"O tempo passou rápido e ele se tornou moço, foi então que percebi que ele andava se embriagando demais. Tentei fazê-lo parar, só que não consegui. Quando chamava sua atenção, ele me respondia grosseiramente:

'Bebo por você ser o que é. Gostaria de ter uma mãe trabalhadora e honesta!'

Aquilo me feria muito. Ele passou a se embriagar cada vez mais, até que passou a ficar quase que somente bêbado. Desencarnamos quase na mesma época. Fiquei doente e desencarnei após muito sofrimento. Ele ficou pelo bordel, todos o conheciam e lhe davam de comer e bebidas. Desencarnou ao cair de uma ponte alta e bater a cabeça nas pedras. Sofremos, vagando juntos pelo Umbral. Ele, sempre me culpando, dizia:

'Se tivesse me batido na primeira vez que bebi e não achado graça, eu não teria me tornado um bêbado.'

Depois de muitos sofrimentos, fomos socorridos e levados para um posto de socorro, onde ficamos por um período. Aconselhados a reencarnar, pedimos para renascer em famílias de costumes rigorosos que nos ajudassem a superar nossos vícios. Fomos atendidos e reencarnamos.

Fomos somente conhecidos quando encarnados, nem amizade tivemos.

A família que me abrigou em seu seio educou-me com costumes rígidos. Achei certo, sentia-me segura. Queria acertar, queria vencer o vício e venci. Fui uma moça honesta e trabalhadora. Bonita, fui assediada por muitos rapazes, mas não dei importância a nenhum. Não quis namorar, sentia que iria desencarnar logo e não queria deixar ninguém mais sofrer por mim. Tive câncer e desencarnei. Meus pais e meus irmãos sofreram por mim, mas não me atrapalharam e muito me ajudaram com suas preces. O resto você já sabe."

Walter prestou muita atenção nos dizeres de Elisa e, após uma pausa, disse:

– Ao ouvir Elisa falar, as cenas vieram-me à memória. Recordo... Era pequeno e já gostava de bebidas alcoólicas, mas, como minha mãe não proibiu, passei a tomar muito, prejudicando-me. Gostava do bordel, ali todos me amavam. Depois me tornei tão dependente do álcool que só ficava embriagado. Quando desencarnei, sofri muito. Reencarnado, nesta última vez, chamando-me Walter, tive outra oportunidade. Mas logo o gosto pela bebida aflorou forte em mim. Tomava escondido, porque meus pais proibiam. Mas a bebida deixava cheiro, que eles percebiam, tornando difícil esconder. Eles me vigiavam, regulavam meus horários e, percebendo minha tendência para a bebida, cheiravam minha boca sempre que voltava para casa. Enturmei-me com afins na escola, descobri a maconha e, depois de algum tempo, a cocaína. Comecei a tirar notas baixas, naquele ano ainda fui aprovado, mas no ano seguinte, em que já me viciara pesado, minhas notas pioraram e meu comportamento estava péssimo. Meus pais foram chamados à escola e souberam de tudo. Meu pai me surrou, tiraram-me da escola e passaram a me vigiar mais ainda. Desesperado com a falta da droga, fugi de casa e fui ficar com os viciados e traficantes num barraco. Meus familiares sofreram muito. Meu pai, mais rígido, mandou me dizer que ele ainda me aceitaria em casa se eu largasse o tóxico. Se quisesse ficar entre os criminosos, que os esquecesse, porque eu estaria morto para eles. Queria a droga e fiquei. Minha mãe vinha me ver às escondidas. Chorava sempre quando me via, trazia roupas, alimentos e dinheiro. Fui me drogando cada vez mais...

Ao recordar esses momentos dolorosos para ele, Walter começou a gaguejar; as últimas frases, falou com dificuldade. Começou a ter uma crise. Elisa e eu lhe demos um passe, que o acalmou, dando-lhe sono; nós o levamos para seu leito na enfermaria. Elisa acabou de contar o que aconteceu com Walter.

– Ele contraiu dívidas que não foram pagas e por esse motivo foi assassinado. Desencarnou e continuou desesperado, alucinado pelas drogas, e procurou o Túnel Negro. Naquele local eles ensinavam os desencarnados viciados a vampirizar encarnados para satisfazer o vício e, também, o hipnotismo de Natan os fazia sentir como se estivessem usando drogas.

Nós o ajeitamos no leito. Walter, sonolento, virou-se para mim e disse:

— Elisa não é culpada! Ninguém é responsável pelos nossos erros a não ser nós mesmos. Se antes eu a acusava, foi na tentativa de culpar alguém, de colocar em outros a responsabilidade que era só minha. Nesta última encarnação tive pais que se importaram comigo, honestos, que exemplificaram o bem, e não tive a quem culpar a não ser a sorte, que eu mesmo fiz. Não venci meu vício!

— Mas vencerá! — exclamei.

Walter dormiu.

— Como o tóxico prejudica tantos imprudentes – disse Elisa. — Walter fará o tratamento por muito tempo ainda e só estará bem quando lembrar-se de tudo o que lhe aconteceu e não sentir nada. Ele tem aula de evangelização, faz orações, tem terapia e acompanhamento psicológico. Patrícia, como foi boa a regressão para Walter, a doutrinação que ele recebeu entre os encarnados na reunião espírita.

Elisa ajeitou o lençol do leito dele com carinho de mãe. Após, saímos silenciosas do quarto.

16

O voo da gaivota

Elisa me acompanhou até outro jardim, que fica na frente do hospital. É um recanto mais bonito, cheio de flores coloridas e palmeiras frondosas. Ali muitos internos passeiam em horário de lazer. É um lugar agradável. Minha amiga convidou-me para sentar e falou:

– Patrícia, tenho, desencarnada, trabalhado em muitos lugares e tenho estado com trabalhadores e com muitos socorridos. Aquele que ajuda, que trabalha, está se exercitando no bem para que, pelo hábito, possa ter melhor ambiente na conquista de sua evolução.

"No meu convívio com você e com os integrantes do centro espírita, percebi que pode haver diferença. Quando Walter e eu estávamos sendo amparados, em nenhum momento me senti necessitada, aquela que estava sendo ajudada. Pelo contrário, todos da equipe realizaram o socorro como se estivessem fazendo algo para eles mesmos, com naturalidade e atitudes rotineiras. E eles não estavam lidando com desencarnados perturbados comuns, mas sim com um espírito trevoso, um mago negro ou um satanás, como se pode designar Natan e sua equipe. Você pode explicar o estado espiritual desses trabalhadores?"

– Elisa, quase todos esses espíritos atingiram o chamado autoconhecimento, e aqueles que não o atingiram estão se esforçando para tal. Não são necessários estímulos externos para fazerem o que fazem. Nem pagamento ou recompensas de qualquer espécie. Sabem que são pequenos, espiritualmente, conhecem todos os meandros da nossa personalidade, com todas as suas misérias, conflitos, condicionamentos, ilusões, e a nossa peculiar ignorância quanto à verdade daquilo que realmente somos. Não estão estacionados, vivem plenamente na onipresença divina e se sentem unos com ela, vivem como parte integrante do universo. Portanto, todo o seu agir é como o agir do dono da casa, ou seja, cuidam da casa como se fosse deles.

"Tudo o que fazem é por amor à vida, que está presente tanto neles como em qualquer manifestação divina, daí a naturalidade e o desprendimento que você sentiu ao conviver com eles."

– Patrícia, posso chamá-la de Gaivota?

Com meu consentimento, Elisa continuou:

— Então, Gaivota, como me explica o socorro prestado a mim? Ajuda? Trabalho? Bem realizado?

— Por que me chama de Gaivota? — perguntei.

— Gaivota é um pássaro muito bonito — respondeu ela —, quase todo clarinho, elegante e de voar preciso. Depois, sempre deixa sinal de seus pezinhos na areia, mostrando que passou por ali. Deixa marcas. E você deixou marcas em nossas vidas, na minha e na de Walter.

Agradeci, sorrindo. Após pensar uns momentos, respondi o que sabemos porque escutamos, repetidamente, e que deveríamos colocar em prática em nosso dia a dia.

— Ajudar é favorecer, facilitar, fazer alguma coisa a alguém, prestar auxílio. Devemos nos esquecer de nós mesmos quando ajudamos alguém. E, quando ajudamos alguém a melhorar, melhoramos o mundo em que vivemos. Sempre devemos ajudar, do melhor modo possível, aqueles que surgem no nosso caminho.

"Trabalho é aplicação na atividade. Devemos trabalhar por amor ao trabalho, não para ver seus resultados. Com nosso exemplo no trabalho útil, podemos fazer outros nos seguirem, embora cada um deva fazer o que lhe compete, sem medo, tentando aprender cada vez mais. O amor deve estar presente em tudo o que fazemos, ele nos torna mais eficientes. Devemos trabalhar com alegria e gratidão; é fazendo pequenas tarefas que demonstraremos ser dignos das grandes. Trabalhar ajudando ao próximo nos mostra o caminho da fraternidade e do amor. O que fazemos no presente nos mostrará o que devemos fazer no futuro. Sobre esse assunto, é muito interessante ler *O Livro dos Espíritos*, de Allan Kardec, Livro Terceiro, Capítulo III-II, 'Lei do Trabalho'.

O bem deve ser feito com amor. Ao fazermos o bem, nos tornamos melhores e estamos colaborando para melhorar a humanidade. Devemos fazer o bem, expandindo os ensinamentos de Jesus, lembrando a todos sua doutrina de amor. Mas sem confundir amor com sentimentalismo. O amor deve ser benéfico e nos impulsionar ao bem. O amor nos ajuda a vencer os obstáculos do caminho, é o único capaz de nos redimir e nos levar ao progresso. Os resultados do bem realizado só a Deus pertencem. Não devemos pensar em créditos ao realizar o bem. Ao fazê-lo, somos os primeiros beneficiados. O bem nos alimenta? O bem e o amor alimentam a todos nós, fortalecendo-nos, levando-nos a aprender a sermos bons."

Fiz uma pausa, o assunto é fascinante, tenho muito que aprender ainda sobre esse tema e colocá-lo em prática. Pensei por momentos, e minha amiga aguardou, ansiosa, que eu retornasse às elucidações.

– Elisa, vamos mudar o enfoque de sua pergunta. Por que motivo alguém faz alguma coisa a outra pessoa?

Mesmo se quem faz seja crente, de alguma seita ou religião, ou descrente. Esse fazer pode ter resultado bom ou mau? Será que é sempre preciso existir algum motivo para fazer alguma ação? Observemos as diferentes motivações que envolvem as ações da maioria dos seres humanos. Que motivo leva o avarento a trabalhar tanto e a explorar, quase sempre, seus semelhantes? O egoísmo, certamente. Que motivo leva o ladrão a agredir e roubar suas vítimas? O egoísmo. Que motivo leva a maioria dos seguidores de determinadas religiões a deixar de fazer o que gosta e fazer o que elas mandam? Não será o anseio de ter posse de um estado sem problemas, nem se for no Além? Isso também não será egoísmo? Se, ao fazermos algo, esperarmos recompensas, seja dos homens ou de Deus, estaremos agindo com egoísmo, embora o bem feito com egoísmo ajude muito a outras pessoas e a nós mesmos, porque quem faz o bem está no caminho para se libertar desse sentimento, que é o egoísmo. O bem sempre beneficia, a maldade prejudica. No dia em que não mais agirmos negativamente, estejamos encarnados ou desencarnados, haverá paz e harmonia na Terra, pois todos nós iremos fazer o que deve ser feito. Não haverá mais explorações nem comparações, pois isso é a causa de muitos conflitos, dores, sofrimentos e angústias na convivência dos seres humanos. Cada um de nós estará feliz com a vida que tem e fará todo esforço para aperfeiçoar seu trabalho físico e seu aprimoramento espiritual. O desejo de posse, seja ele qual for, desaparecerá, e teremos equilíbrio e paz.

"Você, Elisa, me perguntou o que concluo da experiência que tivemos juntas. Prefiro dizer que foi um período agradável em que aprendi muito e que poderei passar a outros essa experiência.

Fazer o bem estando desencarnado é muito mais fácil. Podemos trabalhar horas seguidas em determinada tarefa, seja no plano espiritual, seja entre os encarnados, ou até mesmo no Umbral, mas, ao terminá-la, ou vencendo nosso horário de trabalho, temos o equilíbrio das casas de socorro, do nosso cantinho nas colônias ou dos nossos abrigos. Nós nos recompomos rápido. E os encarnados? Eles têm seus afazeres físicos, têm a preocupação com a sua manutenção e a de sua família. Têm o corpo para cuidar, higienizar, conservar sadio e, quando não, devem tentar sanar suas deficiências físicas. São muitos, Elisa, os encarnados que fazem o bem apesar de todas essas dificuldades. Alguns ainda o fazem por motivos, mas se libertarão dessa conduta. Outros, e são muitos, fazem-no por amor, tendo como recompensa o prazer de servir."

Como admiro os encarnados que fazem o bem! E esse fazer deve ser no presente, agora, no momento. Não deixe, você, agora encarnado, para fazê-lo depois. No plano espiritual, certamente terá oportunidade, mas é aí, no corpo físico, que se tem o grande aprendizado do bem. E esse bem deve ser feito sem cultuar nomes famosos de desencarnados. Há sabedoria em praticar o bem com amor e simplicidade.

Terminei minha explanação, trocamos ainda alguns comentários sobre o hospital. Elisa tinha que voltar ao trabalho, despedimo-nos com um abraço fraterno.

– Patrícia, tudo o que aconteceu ficará gravado na minha memória – disse ela com simplicidade.

Deixei o hospital, a Colônia Perseverança. Ainda estava no meu horário livre, a aula que daria só começaria mais tarde. Fui ver meus pais, que estavam passando uns dias no litoral para descansar.

Não estava totalmente satisfeita com a resposta que dera a Elisa. Meditei sobre o assunto. Veio-me à mente a questão 642 de *O Livro dos Espíritos*, Livro Terceiro, Capítulo I, cuja resposta é: "É preciso fazer o bem no limite de suas forças, porque cada um responderá por todo mal que resulte do bem que não haja feito".[19] Aí está a grande responsabilidade de não fazer no momento.

Menina e adolescente, estudei num colégio católico e gostava muito de uma frase escrita no altar da capela:

---

19. Citação tirada da tradução de Salvador Gentile, revisão de Elias Barbosa – IDE. (N.A.E.)

"*Volontá di Dio – Paradiso mio*".[20] Compreendi-a assim: "Fazer a vontade de Deus é minha alegria". Qual é a vontade de Deus em relação a nós? Penso que é que cresçamos rumo ao progresso, que sejamos bons, que compreendamos, amemos uns aos outros e que façamos todo o bem possível aos outros e a nós mesmos pelo trabalho e amor. Quanta fé possuía quem pronunciou essa frase e que exemplo nos deixou de resignação, ânimo e coragem.

Também sobre o assunto, lembrei-me de um ensinamento de Jesus, contido no *Evangelho de Lucas*, XVII:7-10. O Mestre Nazareno nos ensina que o senhor não fica devendo obrigações ao servo que fez tudo o que ele mandou e termina dizendo: "Somos servos inúteis; fizemos o que deveríamos fazer". Que temos que fazer? Seguir os mandamentos? Viver com dignidade e honradez? Não fazer o mal? Acredito que sim. E se não fizermos? Não seremos considerados nem servos. E para sermos servos úteis? Além de fazer o que nos compete, não fazer o mal, seguir os mandamentos, fazer mais, muito mais. Trabalhar com amor, ultrapassando nossas obrigações, para o nosso bem, para o bem do próximo, e, mais ainda, nada esperar em troca.

---

20. Copiamos na íntegra esta frase. É assim que está grafada em uma das paredes da pitoresca capela. (N.A.E.)

Encontrei meus pais caminhando na praia. A tarde quente de verão estava maravilhosa. É sempre encantador ver o mar com seu verde-azulado e com suas ondas a se desfazerem na areia. Meus pais caminhavam tranquilos, desfrutando a calma do local. Aproximei-me. Amo-os tanto! Querendo obter mais informações sobre esse assunto interessante, perguntei a meu pai, porque sua opinião foi, é e será sempre muito importante para mim.

"Como é, papai", disse-lhe de mente para mente, "o que me diz sobre um trabalho realizado, o bem feito, o porquê de o fazermos..."

Papai pensou e acompanhei seus pensamentos.

"Jesus em certa ocasião disse: 'O Pai age até hoje, eu também ajo'. A vida é ação. Na natureza física tudo o que entra no estado de letargia apodrece e se desintegra. Semelhante é a nossa mente, se não for usada, petrifica e embrutece. Se usada para o mal, não regride, mas constrói dores e dívidas para si mesma, pois um dia será imantada aos seus semelhantes. Aí viverá no ambiente que construiu, agredindo a tudo e a todos. O homem sábio, conhecendo as implicações da ação, caminha em sintonia com a natureza que, momento a momento, aperfeiçoa sua manifestação. Faz das suas ações a razão de sua vida e, ao agir beneficamente, sente participar com Deus do seu perpétuo agir.

Não há vida sem relação, e é no aprimoramento das relações que construímos um novo Céu e uma nova Terra.

Portanto, uma tarefa realizada que resulta no bem de alguém não vejo como uma ajuda, tampouco como trabalho, muito menos para aquisição de crédito junto ao beneficiado ou a Deus, mas sim como o próprio exercício de viver. Pois, se Deus age, eu também preciso agir.

Jesus disse muitas vezes: 'Eu e o Pai somos um, só que Ele é maior que eu'.

Quando chegarmos a compreender que o universo é a nossa família, tudo o que venhamos a fazer estaremos fazendo para nós, pois tanto a casa como a família são nossas. Cuidemos de nossa casa e de nossa família quando encarnados, sem esperar que alguém nos elogie por algo que é nossa obrigação. Fazer dessa forma é o que sinto e o que procuro fazer."

"Papai! Mas muitos encarnados não zelam bem por sua casa nem cuidam bem de seus filhos."

"Fazer a obrigação não dá merecimento, nem crédito, nem é digno de elogios. Mas, se não cumprimos com essas obrigações, somos devedores, pois não realizamos o que é de nossa responsabilidade. Quando ultrapassarmos o tempo e o espaço, os créditos e os débitos, iremos fazer todo o bem pelo simples prazer de comungar com a vida pelo profundo amor a todas as manifestações divinas.

"Viver na certeza da onipresença de Deus é diferente do chamado crer ou ter fé. Aí residem dois opostos: o crer é volutivo, incerto, mutante aos embalos da emoção do momento; já o viver na onipresença é sólido. Vamos exemplificar em nossa família consanguínea: pai e filha é parentesco, não é crença, é um fato do qual não há dúvida. Vivemos plenamente o fato do vínculo que nos une aos parentes mais próximos. Da mesma forma, viver na onipresença de Deus não é um ato de momento ou atitude de crença, é a visão plena e total de que estou em Deus e Ele está plenamente em mim. Portanto, o que é Dele é meu e o que é meu sempre foi Dele. Mas, apesar de não existir separação entre mim e Ele, eu precariamente existo. Deus é plenitude total."

O horário me chamava ao regresso. Beijei-os. Volitei a alguns metros do solo e olhei-os. À frente deles estava uma gaivota que, com a aproximação deles, voou tranquila, ganhando, com seu voo, espetacular altura, deixando desenhados na areia seus pezinhos...

Meus pais se afastaram e suas pegadas ficaram...

Há pessoas que passam pela vida e deixam marcas...

Levamos o livro espírita cada vez mais longe!

Av. Porto Ferreira, 1031 | Parque Iracema
CEP 15809-020 | Catanduva-SP

www.**petit**.com.br
www.**boanova**.net

petit@petit.com.br
boanova@boanova.net

17 3531.4444

17 99257.5523

Siga-nos em nossas redes sociais.

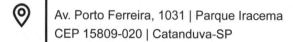

@boanovaed   boanovaeditora

CURTA, COMENTE, COMPARTILHE E SALVE.
utilize #boanovaeditora

Acesse nossa loja

Fale pelo whatsapp